Research on the influence mechanism and r
policy of ecological intensification of cultivated land use

耕地利用生态集约化的
影响机理与调控政策研究

刘桂英 著

中国财经出版传媒集团
经济科学出版社
Economic Science Press

图书在版编目（CIP）数据

耕地利用生态集约化的影响机理与调控政策研究/
刘桂英著．—北京：经济科学出版社，2022.9
ISBN 978 - 7 - 5218 - 4080 - 3

Ⅰ.①耕…　Ⅱ.①刘…　Ⅲ.①农业生态经济 - 耕地利
用 - 农业政策 - 研究 - 江西　Ⅳ.①F323.211

中国版本图书馆 CIP 数据核字（2022）第 184665 号

责任编辑：杨　洋　卢玥丞
责任校对：刘　娅
责任印制：范　艳

耕地利用生态集约化的影响机理与调控政策研究
刘桂英　著
经济科学出版社出版、发行　新华书店经销
社址：北京市海淀区阜成路甲 28 号　邮编：100142
总编部电话：010 - 88191217　发行部电话：010 - 88191522
网址：www. esp. com. cn
电子邮箱：esp@ esp. com. cn
天猫网店：经济科学出版社旗舰店
网址：http：//jjkxcbs. tmall. com
北京季蜂印刷有限公司印装
710 × 1000　16 开　12.25 印张　200000 字
2022 年 10 月第 1 版　2022 年 10 月第 1 次印刷
ISBN 978 - 7 - 5218 - 4080 - 3　定价：46.00 元
（图书出现印装问题，本社负责调换。电话：010 - 88191545）
（版权所有　侵权必究　打击盗版　举报热线：010 - 88191661
QQ：2242791300　营销中心电话：010 - 88191537
电子邮箱：dbts@ esp. com. cn）

资金资助：

国家自然科学基金项目（NO.71864017）；

江西省教育科学"十三五规划"课题（NO.20YB040）；

江西农业大学乡村振兴研究院/江西农业大学学科建设资金资助

前　言

Preface

　　耕地是人类赖以生存和发展的基本资源和条件。人多地少的基本国情使得中国粮食安全问题备受关注。在未来的发展中，提高耕地利用集约度仍然是保障国家粮食安全的必要措施。但耕地利用集约度的提高，一方面，使耕地所承受的人口压力和经济发展压力远高于世界其他国家和地区及其自身的承载力；另一方面，随着耕地投入要素（如化肥、农药、地膜、灌溉用水等）的不断增加、过度投入，带来了诸多负面影响，如水体污染、土地退化、土壤污染、地力衰竭、生物种群的明显衰退、农产品品质下降。因此，如何提高耕地利用集约度，既实现资本和投入增长的有效性，又避免过度投入所可能产生的负面影响，即实现耕地利用生态集约化，对于中国进行生态文明建设，具有尤为重要的理论和现实意义。

　　本书在前人对耕地可持续利用和耕地集约利用研究的基础上，将两者结合起来，对耕地利用生态集约化问题进行了探究。首先，通过阅读大量国内外相关文献，并基于前人运用 DEA 方法在农场、农业生态集约化的测度方法，构建了江西省耕地利用生态集约化测度体系；随后在区域尺度上，通过选择江西省 1998～2010 年 80 个县（市）的面板数据，深入分析了江西省耕地利用生态集约化的时空差异，并运用计量经济方法的固定效应模型，对江西省耕地利用生态集约化的宏观影响因素进行了分析。其次，在农户尺度上使用笔者实地调研的一手数据，分析了耕地利用生态集约化的类型差异，并运用逐步回归分析方法，深入探讨了江西省粮食、经济作物耕地利用生态集约化水平的微观农户影响因素。

最后运用 M-ABM 多主体仿真模型对耕地利用生态集约化的调控政策进行了模拟仿真，揭示了化肥税政策和生态补偿政策对耕地利用生态集约化的调控效果。主要结论如下。

第一，在区域尺度上江西省耕地利用生态集约化的时空差异方面，得出以下结论：（1）在时序差异上，1998～2010 年，江西省耕地利用生态集约化水平整体呈上升趋势，2010 年（0.837）比 1998 年（0.743）增长了 12.56%。13 年间江西省耕地利用生态集约度均值为 0.823，整体上耕地利用生态集约度较高，发展潜力较好。江西省耕地利用生态集约化在 2001 年达到小高峰，峰值为 0.839，在 2004 年达到最高峰，峰值为 0.862。2004 年是我国以《中共中央国务院关于促进农民增加收入若干政策的意见》（以下简称"中央一号文件"）的形式指导"三农"发展的第一年。1998～2010 年江西省耕地利用生态集约化呈现向右上升的"M"型波动趋势，经历了"三起二落"，"三起"是指 1998～2001 年，2003～2004 年及 2008～2010 年，"二落"是指 2001～2003 年及 2004～2008 年。（2）在空间差异上，江西省 80 个县（市），耕地利用生态集约度由大到小的前 3 名分别是丰城市（生态集约度为 1）、鄱阳县（生态集约度为 1）、泰和县（生态集约度为 0.9941）。80 个县（市）中，生态集约度最大值是 1，最小值为 0.0006，中位数为 0.9056，平均值为 0.8234；在 80 个县（市）中，生态集约度主要集中于 0.9～1，占总数的 51.25%，其次集中于 0.7～0.8 和 0.8～0.9，分别占总数的 13.75% 和 13.75%。除丰城市和鄱阳县外，其他 78 个县都表现出非生态集约化，也就是江西省耕地利用在整体上没有实现生态集约化。绝大多数县（市）耕地利用生态集约化程度在 2010 年较 1998 年更高，耕地利用生态集约度变化幅度最大的是广昌县。13 年间，只有新建县的耕地利用生态集约度逐年稳步上升，其余 79 个县（市）的耕地利用生态集约度变化趋势均呈波动变化，其中泰和县、吉安县、兴国县、乐安县、弋阳县、会昌县、于都县、新干县、瑞金市、东乡县、修水县、南康市、信丰县、赣县、玉山县、资溪县 16 个县（市）的耕地利用生态集约度呈波动下降趋势，其他 63 个县（市）的耕地利用生态集约度呈波动上升趋势。

第二，在区域尺度上江西省耕地利用生态集约化的影响因素研究方面，得出以下结论：（1）人口非农化和产业非农化对其影响显著为负，随着我国工业化和城镇化进程的推进，农业劳动力非农工资逐年快速上涨，农业劳动力大量向城镇转移，耕地粗放经营和撂荒现象明显。（2）人均经营耕地面积对其影响显著为正，这主要是因为人均经营耕地面积越大，越能推动现代化规模农业生产，产生规模经济效应，从而对耕地利用生态集约化产生积极影响。（3）农业政策对其影响显著为正，这主要是因为随着我国自2004年开始连续二十年以"中央一号文件"指导"三农"，支农惠农政策的实施，大大鼓励了农民农业生产的积极性，有利于实现耕地利用生态集约化。（4）复种指数对其影响显著为正，随着复种指数的提高，农村居民将更多的精力、技术和资金投入到提高耕地质量中来，如适时休耕，以及在休耕时采取相应提高耕地质量的措施，尽量使用对耕地质量有利的农家肥、有机肥，而少施化肥，从而减少农作物害虫，进一步减少农药的施用。在降低环境压力的同时，也能因耕地质量的提升增加单位面积的产出，最终实现耕地利用生态集约化。

第三，从农户尺度研究江西省耕地利用生态集约化的类型差异，得出以下结论：（1）粮食、经济作物种植中，非农户、兼业户和纯农户（本书指专业户）三类农户在耕地利用生态集约化水平中有同样的趋势和规律，均表现为纯农户耕地利用生态集约化的农户占比最大，生态集约化水平最高，且是非农户与兼业户耕地利用生态集约度的数10倍，其次是兼业户，最低的是非农户。（2）三类农户生态集约化的农户占比均较低，非生态集约化农户占绝大多数。

第四，在农户尺度上江西省耕地利用生态集约化的影响因素研究方面，得出以下结论：对不同类型的作物和农户，耕地利用生态集约化的影响因素既有共同点也有差异。首先，共同点表现为：（1）在粮食作物中，对非农户、兼业户和纯农户耕地利用生态集约化影响都显著的因素为：耕地状况、收入、市场条件、农户的环保意识、对国家相关政策法规的了解程度。（2）在经济作物中，对三类农户耕地利用生态集约化影响都显著的因素为：耕地状况、农业技术。（3）对二类作物、三类农户耕地利用生态集约化影响均显著的是耕地状况。其次，具体影响表现为：（1）在粮食作物中，对纯农户耕地利用生态集约化影响显著的因素最多，所选取的 8 个一级指标均对其影响显著。一是对非农户影响显著的，有年龄、耕地质量、农业收入占总收入的比重、化肥价格上涨对施肥量的影响、农产品价格上涨对施肥量的影响、对使用完毕的废旧药瓶的回收态度、对《农药使用安全操作规程》的了解程度；二是对兼业户影响显著的，有地形、耕地质量、耕地破碎度、农业收入占总收入的比重、休耕、耕地产权年限和农药价格上涨对农药用量的影响；三是对纯农户影响显著的，有文化程度、家庭劳动力总数、地貌、人均耕地面积、地块平均面积、农业收入、打工收入、对自家化肥用量是否过量的态度、过量施肥对土壤的影响、化肥价格上涨对施肥量的影响、农业技术掌握情况、耕地产权年限、对农业面源污染的了解、休耕、农药对土壤的影响、选择农药的依据、是否愿意为保护环境而减少农药使用量、购买农药时是否根据作物病情向农技人员或销售者咨询。(2) 在经济作物中，同样对纯农户耕地利用生态集约化影响显著的因素最多。一是对非农户影响显著的，有年龄、性别、地貌、耕地质量、农药价格上涨对施肥量的影响、农产品价格上涨对施肥量的影响、选择农药的依据；二是对兼业户影响显著的，有地形、机械、测土配方、对面源污染的了解、使用农药前是否仔细阅读说明书、农业技术掌握情况；三是对纯农户影响显著的，有耕地破碎度、人均经营耕地面积、农业收入、农业收入占总收入的比重、对农业面源污染的了解、农业技术掌握情况、购买农药时是否根据作物病情向农技人员或销售者咨询、农业增产的主要因素、如何提高群众参与环境管理的意识和水平的观点。

第五，在江西省耕地利用生态集约化的调控政策研究方面，得出主要结论：(1) 化肥税政策和生态补偿政策都在一定程度上减轻了耕地化肥、农药投入要素对耕地环境的污染。(2) 在化肥税政策实施时，并不是税率越高越好，当起始征税点的化肥亩均用量已经较高时，中等税率将比高税率方案更有效；当超过 100% 税率后，其对强度的控制不敏感，使得种植规模减小成为主要总氮 (total nitrogen，TN)、总磷 (total phosphorus，TP) 的削减来源，即实施高税率政策可对耕地污染中 TN、TP 进行有效的控制，但主要是来源于种植规模的收缩。高税率政策从长期来看将威胁到粮食安全，因此政府可通过实施中等税率方案来实现对耕地利用生态集约化的调控。（3）在生态补偿政策实施时，政府补偿情景优于惯性情景，高额政府补偿情景优于低额政府补偿情景，差额政府补偿情景优于等额政府补偿情景，且补偿与收入的比例前者较后者低2.9%，差额补偿能减轻政府负担。因此，政府可通过实施差额补偿方案来实现对耕地利用生态集约化的调控。

目 录

Contents

第①章

导　论

1.1　选题背景与意义

根据联合国预测，到 2050 年，世界人口将达到 97 亿人，到 2100 年将达到 112 亿人（陈卫，2016；Alexandratos & Bruinsma，2012），全球的粮食产量要比 2009 年增长 50%～70%，才能养活不断增长的世界人口（Xie et al.，2019；IAASTD，2009）。除了人口增长，较高的人均收入将增加人们对食物的需求（张家利，2022；Godfray et al.，2010）。在过去几十年里，通过全球农业生产力的改进可以观察到，粮食产量在不断增加（Hualin Xie，2021；Matson et al.，1997）。在全球范围内，农业扩张的主要驱动力是使 65% 的自然生态系统退化 50 年（MA，2005）。

耕地是人类赖以生存和发展的基本资源和条件（He et al.，2020）。人多地少的基本国情使得中国的粮食安全问题备受关注。随着社会经济的快速发展，工业化和城市化进程不断加快，我国耕地面积的减少将成为常态化趋势（Godfray H. C. J.，2010；谢花林，2015），在保障粮食安全的目标下，现有耕地的集约利用状况、变化趋势和影响因素引起了学术界的高度关注（许艳，2022；Tilman D. et al.，2011；李秀彬，2007；Tilman et al.，2002；Matson et al.，1997）。

在耕地利用过程中，由于农户科技素质普遍偏低，不懂得科学、合理、经济地增加投入来提高产出，其结果将导致滥施化肥、农药和大水漫灌。对于一些农业生产活动中的风险认识不足，造成资源的浪费或者低效利用，甚至造成污染和资源耗竭。农业尚未摆脱主要靠增加物质投入和耕地粗放利用的格局（袁浩博，2017；孔祥斌，2003）。

耕地集约利用的概念是李嘉图等古典政治经济学家在对农业土地利用的研究中首次提出的，是针对粗放式耕地利用而言的（李秀彬，2008），耕地利用集约化是一个通过不断增加投入来提高产出的过程（杜国明，2022；Yansui L. et al.，2020；李秀彬，2008；朱会义，2014；Trewavas A.，2002；Tilman D.，2011；Lambin E. F.，2011），投入要素的增加，即化肥、农药、地膜、灌溉用水等要素投入的增加。

耕地集约化过程包括引入新的作物品种、农用化学品的使用、化石能源驱动机械化的使用，这些对诸如农业产量、消费者财富的增长产生了积极影响（Schönhart, Schauppenlehner, Schmid & Muhar, 2011），其目睹了全球农业的主要成功（Matson et al.，1997），特别是在绿色革命时期（FAO，2011；Liniger et al.，2011），其缓解了土地扩张的压力，限制了侵占森林和其他土地资源的现象（FAO，2011），从而减少了农业扩张的不利影响，并生产出更多的食物（Rosegrant et al.，2002a；FAO，2011；Foley et al.，2011）。耕地集约化涉及各种生产力增强策略，包括高产作物品种、改善施肥（化学和有机），改进的杂草和害虫管理方式、水资源管理、作物轮作和改善土地管理实践（Matson et al.，1997；Pretty et al.，2011；Tilman et al.，2011）。

然而，在很多地方，耕地集约化由于单位面积产量增长过慢而无法满足人们不断上升的食物需求，从而受到了广泛关注（Ray, Mueller, West & Foley, 2013）。国外学者贝塞尔（Baessle，2006）指出耕地资源的利用并非越集约越好，不合理的过度集约将会给生态环境带来影响，耕地集约化将在不同的尺度上产生负外部环境，特别是迄今为止，耕地集约化通过不可持续的使用化肥、除草剂和杀虫剂，以及在实践中采用的不可持续的土壤和水管理方法对环境产生了较大的负面影响（Pretty et al.，2011）。就村庄尺度而言，造成了水土流失、土壤养分减少、生物

多样性降低 (Silveiva et al. , 2022；Matson et al. , 1997；Tilman, 1999；IAASTD, 2009)；就地区尺度而言，导致了地下水的污染，河流和湖泊的富营养化，减少了下游水的流动和水环境的变化 (Matson et al. , 1997；Tilman, 1999)；就全球尺度而言，传统的农业集约化导致生态系统加剧恶化，以及对大气成分和气候的负面影响 (Matson et al. , 1997；Tilman, 1999；IAASTD, 2009a；FAO, 2011)。农用化学品，尤其是一些合成的化肥和农药，对人类和动物健康及环境产生了较大的负面影响 (IAASTD, 2009)。此外，生产食物、饲料和纤维的世界生态系统，在很大程度上是退化或者不可持续的 (Montanarella & Vargas, 2012)，并且耕地集约化对土壤、水、空气的质量将产生负面效应，并会破坏生物多样性。

改革开放以来，中国耕地利用集约度上升及伴随着的耕地单位面积产量的提高在满足自身不断扩大的粮食需求方面发挥了极其重要的作用 (杜国明, 2022；刘成武, 2006)。在未来发展中，提高耕地利用集约度仍然是保障国家粮食安全的必要措施。而耕地集约度的提高，一方面使耕地所承受的人口压力和经济发展压力，远高于世界其他国家和地区及其自身的承载力 (朱会义, 2014；牛海鹏, 2009)；另一方面随着耕地投入要素 (如化肥、农药、地膜、灌溉用水等) 的不断增加、过度投入，带来了诸多负面影响，如水体污染、河流水量下降、土地退化、土壤污染、地力衰竭、生物种群的明显衰退和农产品品质下降 (刘桂英, 2023；朱会义, 2014；潘丹, 2013；赵兴国, 2011)。大量化肥、农药和农膜的投入在促进粮食作物、经济作物单产大幅度提高和当地的经济发展的同时，也导致了区域的地下水硝态氮、重金属含量的超标，对土壤健康产生了一定影响，进而对食品安全构成了威胁 (孔祥斌, 2003)。

集约化在提高产量的同时，产生了一些负面环境影响。因此，应当提倡既能满足人类对食物不断上升的需求，又不对环境产生负面效应的方式，即生态集约化方式 (辛玥等, 2021)。加内特和戈德弗雷 (Garnett & Godfray, 2012) 将耕地利用生态集约化定义为在集约利用现有生产用地的基础上，既提高耕地产出，同时又要减轻集约化过程对环境产生的压力，使得集约化过程的负面影响最小化，从而保证有限的耕地能够持续提供人类需要的产品和功能。也就是说，任何系统依赖于不可再生的投入要素都将是不可持续的（中华人民共和国国土资源部，2015）。人类不可能始终获得所预期的食物产量，除非不断地开垦新的耕地，但这将会产生不良的和不可逆转的环境影响，威胁到重要的生态功能，粮食安全、土壤安全与农业生态集约化密切相关（The Royal Society London，2009）。

生态集约化已被看作能养活不断增长人口的一种方式（Godfray et al.，2010）。生态集约化一直是粮农组织与国际农业研究磋商组织（CGIAR）的战略核心要素（彭文龙等，2020；Food and Agriculture Organization，2009；Consultative Group on International Agriculture Research，2013；Independent Science and Partnership Council，2013）。如何提高耕地利用生态集约化，既实现资本和投入增长的有效性，又避免过度投入所可能产生的负面影响，对于中国这样的国家而言，具有尤为重要的理论和现实意义。

2022年《中共中央国务院关于做好2022年全面推进乡村振兴重点工作的意见》（以下简称"中央一号文件"）锁定8项"三农"工作重点。该文件指出，牢牢守住保障国家粮食安全底线，推进农业农村绿色发展。加强农业面源污染综合治理，深入推进农业投入品减量化，加强畜禽粪污资源化利用，推进农膜科学使用回收，支持秸秆综合利用。建设国家农业绿色发展先行区，开展农业绿色发展情况评价，实施生态保护修复重大工程，科学推进国土绿化。研发应用减碳增汇型农业技术，探索建立碳汇产品价值实现机制。

土地利用生态集约化是粮食安全、经济发展与生态保护等多重压力作用下人类土地利用的必然选择（Hualin Xie，2021；Lovett G. M.，2007；Turner B. L.，2007；朱会义，2014）。如何做到既节约土地，又减少环境污染，达到两者的平衡？如何保证有限土地资源下的粮食安全？如何保证耕地利用集约化下的环境保护？以及耕地利用生态集约化的影响因素是什么？调控政策如何实施？在此基础上，本书将首先构建耕地利用生态集约化测度体系；其次从宏观区域尺度和微观农户尺度分别探讨江西省耕地利用生态集约化的时空差异和类型差异，并对其影响因素进行研究，试图探寻其驱动机制；再次基于复杂适应系统理论的多主体（M-ABM）方法，从化肥税政策和农业生态补偿政策两方面对江西省耕地利用生态集约化的调控政策进行模拟仿真，试图探寻江西省耕地利用生态集约化的调控政策；最后形成本书的主要结论，并提出进一步研究的计划与展望。

1.2 研究目标

本书从梳理国内外关于耕地利用生态集约化的理论基础着手，借鉴国内外相关文献，揭示农户耕地利用生态集约化的影响因素及调控政策，主要达到以下关键研究目标：

（1）探讨耕地利用生态集约化的测度方法；

（2）揭示区域尺度上江西省耕地利用生态集约化的时空差异及其影响因素；

（3）揭示农户尺度上江西省耕地利用生态集约化的类型差异及其影响因素；

（4）通过多主体仿真模拟，试图探索与制定科学合理的耕地利用生态集约化调控政策。

1.3 国内外研究进展

目前，耕地利用生态集约化的研究甚少，尤其是在国内。国内外研究主要集中在对生态集约化的定义，以及提出一些调控政策建议，而如何对其进行测度/评价、影响因素的研究很少。在国外，学术界对耕地利用生态集约化的研究，大多是指农场中的耕地，很多研究使用的是"农场生态集约化""农地生态集约化""农业生态集约化"，研究的主题或主要内容也是耕地利用生态集约化。

1.3.1 耕地利用生态集约化的定义

国外较多的学者对耕地利用生态集约化进行了定义。菲尔班克等

（Firbank et al.，2013）将耕地利用生态集约化定义为在增加每单位耕地投入的产量的同时，确保其造成的环境压力最小。耕地利用生态集约化不仅是一种实践，而且是农业管理的一种机制，它要确保在生产可持续和集约化之间找到一种平衡，这有赖于参与其中的集约化方法和相关技术能否有效地管理有限的自然资源（耕地和水）、农药和营养物质（Pretty，1997）。加内特等（Garnett et al.，2013）认为食品安全不仅要关注提高耕地生产率，而且需要更多地关注如何提高环境的可持续性，这意味着，农民不仅需要同时提高产量来满足粮食需求，而且还需要减少生产过程中产生的环境压力。因此，从环境的角度来看，这意味着在维持现有耕地的生态系统和生物多样性时，尽量减少耕地过多的投入，而着重提高耕地的生产力和投入物质（例如，水、能源、农用化学品）的利用效率（Garnett et al.，2013；Garnett & Godfray，2012）。里格比和卡塞雷斯（Rigby & Caceres，1997）认为农业中应更关注如何有效利用自然资源，保护环境，从而实现农业可持续发展，并认为农业生态集约化是应对未来食品需求增加和气候变化的一个不错的选择，尤其是对于那些经历了生产率增长停滞的地区，农业生态集约化可以更有效地利用自然资源、生产投入要素和新技术，将生产引入一个向上的轨道，同时减少负面的环境影响（Francisco J. Areal，2018；Barnes & Thomson，2014；Firbank et al.，2013；Garnett et al.，2013；Yiorgos Gadanakis，Richard Bennett，Julian Park，Francisco Jose Areal，2015）。加内特和戈德弗雷（Garnett & Godfray，2012）将耕地利用生态集约化定义为，增加每单位投入要素的收益率，即在增加每单位耕地产出的同时减小对环境的影响。茉莉·席弗等（Jasmin Schiefer et al.，2015）认为生态集约化是在可持续发展条件下，增加农业生产量以满足世界不断增长的人口需要。

粮农组织还将可持续农业集约化定义为遵循生态系统方法的"良好农业耕作方式"，而这种生态系统方法是用于提高生产系统的可持续性（FAO，2010）。根据粮农组织定义的"良好农业耕作方式"，它是一种基于村庄尺度，能够产生较高的农作物产量的农业管理实践方法、措施和技术，同时能够保持和提高环境的可持续性。农业生态集约化是指能产生更高的农业生产率，同时减少对环境的负外部性，并增加其他当代生态系统服务功能的农业活动（Pretty et al.，2006；The Royal Society，2009；Conway & Waage，2010；Godfray et al.，2010）。

还有众多的研究者认为耕地利用生态集约化是指在集约利用现有生产用地的基础上，既提高耕地产出，同时又减少外部投入，降低集约化过程对环境产生的压力，使得集约化过程的负面影响最小化，从而保证有限的耕地能够持续提供人类需要的产品和功能（Lovett G. M.，2007；Turner B. L.，2007；Hannah L.，1994；T. Scharntke T.，2005；Krausmann F.，2005；Pretty et al.，2011；Garnett et al.，2013；L. G. Firbank et al.，2013；朱会义，2014；Brian Petersena & Sieglinde Snappb，2015；吕晓等，2020）。

1.3.2　耕地利用生态集约化的影响因素研究

如何在集约利用现有生产用地的基础上，既提高耕地产出，同时又减少外部投入，降低集约化过程对环境产生的压力，使得集约化过程的负面影响最小，从而保证有限的耕地能够持续提供人类需要的产品，即实现耕地利用生态集约化。最重要的是找到这些投入要素的影响因素。

刘晶（2022）分析了细碎化影响耕地可持续集约利用的理论机理，构建了面向可持续集约利用的耕地细碎化"特征—影响—环境"综合治理分析框架，探讨细碎化治理中的关键问题、情景决策机理及空间尺度效应。刘源（2022）创新性地采用超效率 SBM 模型测度 2000～2019 年辽宁省耕地利用可持续集约度，并运用 Tobit 模型探究影响因子。得出以下结果：（1）2000～2019 年，耕地利用的可持续集约度波动特征明显，整体略有增加，耕地单产和灌溉废水量对可持续集约度的影响较大；（2）规模效率相较于纯技术效率对可持续集约度的影响更显著，规模效益也一直处于递增状态，增加人力、物力等要素投入会在较长时间内对可持续集约度有显著地提升作用；（3）农村劳动力高中及以上文化水平、种植结构及农业收入占农村常住居民人均可支配收入比例对耕地利用的可持续集约度有显著正向影响，耕地受灾率有显著负向影响。

皮卡佐·塔德奥等（Picazo-Tadeo et al.，2011）选取西班牙瓦伦西亚的 171 个雨养农场为研究对象，以生态效率代替生态集约化，作为因变量，以农户的年龄、农场面积、农场农业收入占比、在农业环境上的支出、农户文化教育水平、接受农业培训的程度（基础、中等、高等）作为影响因素，运用截断回归来研究它们的关系。得出以下 3 个结论：一是生态效率很难用传统的社会结构特征来解释。农户的年龄、收入、农场规模均无法验证假设条件，可能是在研究的案例中，生态效率与农户的心理特征关系更密切，而心理特征难以量化，亦或与文中没有给出的其他的生产特征有关。二是农户的文化程度越高，生态效率越高。三是农业环境的进步（如亲环境技术的实施）推动了农业生态效率，使它成为一个减少农业部门环境负影响的有效手段。

伊奥尔戈斯·加达纳基斯等（Yiorgos Gadanakis et al.，2015）使用计量经济学方法，选择农户年龄、农场规模、受过基础教育农户数、受过高等教育农户数、农户农业生产经验、是否加入农业环境组织、农业环境付费、农业环境成本和对农业生态集约化的态度作为研究农业生态集约化的影响因素，研究得出：中等规模的农场、农业环境需付费越高、农户的年龄越大、受教育水平越高，越有利于实现农场生态集约化，而农业环境成本和是否加入农业环境组织对农场生态集约化影响不显著。

菲尔班克等（L. G. Firbank et al.，2013）的研究结果显示，英国的一些农场实现了生态集约化，而它的驱动力主要在于金融方面，如农业投入成本，而不同类型的农场生态集约化的影响有所不同。

1.3.3　耕地利用生态集约化的测度/评价研究

耕地利用生态集约化在测度/评价方面的研究较少，但有较多的国外学者对农地、农场或农业生态集约化利用效率或生态效率代替生态集约化来进行研究。如菲尔班克等（L. G. Firbank et al.，2013）以英国为例，通过选择创新耕地、乳制品、混合和高地农场，对这些农场的农户进行问卷调研，选取可衡量生态系统服务情况的农业生产、生物多样性、气候调节、调节空气质量和水质的监管五大类别作为评价整个英国在农田的生态集约化的指标（UKNEA，2011）。这种评价方法很大程度上改变了英国的农田的生产状况（UKNEA，2011）。皮卡佐·塔德奥等（Picazo-Tadeo et al.，2011）选取西班牙瓦伦西亚的171个雨养农场为研究对象，以农场专业化水平、投入的N与排放的N的比例、投入的P与排放的P的比例、单位面积投入的农药、投入与产出能量之比为输入变量，以单位面积经济增加值为输出变量，用生态效率代替生态集约化，运用DEA测度其生态效率，得出平均生态效率值为0.56，即绝大多数的农场非生态集约化。伊奥尔戈斯·加达纳基斯等（Yiorgos Gadanakis et al.，2015）使用生态效率来代替农场生态集约化，运用DEA方法对英国61家农场生态集约化进行了评价，其中，以生态效率（Eco-efficient）的公式作为单位面积农地毛收益与单位面积农地承载的环境压力的比值。生态效率指标选取了农场面积、单位面积机械成本、单位面积劳动力成本、单位面积肥料成本、单位面积作物保护成本、单位面积用水成本、单位面积能源成本、单位面积机械燃油成本、单位面积毛收益率来衡量，结果显示，只有18%的农场是有效率的，其余82%的农场是无效率的，在研究的61家农场中，有47家的投入要素是存在冗余的，而农场产出是不存在冗余的。[①]

　　还有一些学者利用其他的测度/评价方法来研究生态集约化。如谢花林（Hualin Xie，2021）采用能值分析法分析了江西省瑞金市耕地利用可持续集约化水平，得出耕地利用造成的表层土壤净流失量是耕地系统恢复力的1.75倍，给耕地保护带来了巨大压力。吕晓（2022）采用能值分析法测度2000~2019年沈阳市耕地利用可持续集约化水平的时空格局，得出研究期间沈阳市耕地利用可持续集约化水平得到提高，自西北向东南先下降后上升的空间格局没有发生明显变化。茉利·席弗等（Jasmin Schiefer et al.，2015）以德国耕地为例，采用六个固有土地特征（有机碳含量、黏土质粉砂含量、pH值、阳离子交换量、土壤深度和坡度），作为衡量哪些耕地具有较好的自然弹性和性能的指标，通过对耕地这六项得分进行加总，并将得分分为四个类别，分别是1（耕地不支持生态集约化）、2（六项得分中有一项或多项指标状态不佳，如果实施生态集约化，则风险较高）、3（耕地实施生态集约化的潜力较小，可实施谨慎的生态

---

　　① 资料来源：英国公开的农场商业调查数据库。

集约化)、4(耕地可实施生态集约化),它们分别对应最后总得分为6~10分、10~14分、11~15分、16~20分。最后得出哪些耕地是生态集约化的,哪些耕地是非生态集约化的,从而可在这些适合的耕地上进行生态集约化生产。

1.3.4 耕地利用生态集约化调控政策方法研究

谢花林(2021)在分析江西省瑞金市耕地利用可持续集约化水平的基础上,认为农业管理者可以通过测土配方施肥提高生产要素,优化种植结构,调整耕地利用强度,土地管理者可以通过精心规划农业生产的空间布局来可持续地集约利用耕地。

皮卡佐·塔德奥等(Picazo-Tadeo et al.,2011)选取西班牙瓦伦西亚的171个雨养农场为研究对象,在测度了绝大多数的农场非生态集约化,且平均生态集约度为0.56,以及分析其影响因素的基础上,提出以下三种方法来调控生态集约化:第一,密切联系农业技术与生态效率之间的关系,政府应该在扩大农场规模和农民技术培训上多花资金;第二,农业环境政策应该加强避免环境负外部性的市场失灵;第三,政府制定相应的奖惩措施,对于严格履行环境保护的农户给予奖励,对于破坏环境的农户给予惩罚。

菲尔班克等(L. G. Firbank et al.,2013)以英国为例,认为要实现英国农场的生态集约化,最重要的是给予农户更多的金融支持。

伊奥尔戈斯·加达纳基斯等(Yiorgos Gadanakis et al.,2015)认为要实现耕地利用生态集约化,关键是要在增加其单位面积产出的同时,降低单位面积耕地所承载的环境压力,而环境压力包括耕地的用水、能源、机械燃料、作物保护、投入的肥料等的费用。因此可以通过结合可用的技术,如生物防治病虫害监测与经济阈值、栖息地操纵、使用抗病品种的作物等来调控耕地利用生态集约化。更普遍的是,精准农业实践可以使投入的生产要素效率最大化,全球定位系统与投入要素应用程序匹配、农艺措施与土壤属性、季节性变化时的条件匹配、农业跨领域的实践,都有利于实现耕地利用生态集约化。对于用水节约来说,可以采用滴灌或喷灌技术,并可引入激励机制,减少过度使用农作物保护支出和鼓励农民使用可再生能源技术。此外,政策议程应该寻求生产投入认同的成本和收益的价格,从而完善价格机制。例如,灌溉用水旨在减少水土流失和土地退化;提供监管制度和激励措施,以减少农业生产和加工的负外部性。

托马斯·里尔登(Thomas Reardon, 1997)以非洲萨赫勒地区为例,研究了如何通过宏观经济政策,促进农业生态集约化和提高农业生产率。研究结论共有六点:第一,减少单位面积耕地投入成本。可通过政府和私人对基础设施的投资来减少农户的单位投资成本,如改善交通运输条件和农业基础设施,能很大程度降低亩均化肥的使用量。第二,提高投入产出率。可以通过村庄、非政府组织、政府和个人捐助者等在道路、涵洞和水井等水管理设施上的投资来提高化肥的投入产出率,公共干预很大程度能降低农户的风险意识。第三,协调投入产出市场。较好的方法是在哪里种植农作物,投入要素就从哪里购买,而产出品则在销售时再获得现金支付,如从非洲最大的棉花生产国布基纳法索生产棉花获得化肥,从马里种植棉花获得动物牵引设备,从塞内加尔种植花生获取设备。第四,从增加改良的投入要素中获得渠道。第五,降低改良的投入要素风险。第六,鼓励制度创新。

布莱恩·彼得森等(Brian Petersen et al., 2015)以美国为例,认为要较好地实施耕地利用生态集约化,必须扫清生物、政治和经济挑战这三大障碍,耕地利用生态集约化才能得以实施。对于生物挑战,关键在于建立生态农业;对于政治挑战,关键在于政府有建立生态集约化的政治意愿,政府建立强有力的监管框架,加强限制过度营养损失的监管,并建立相关激励机制,更加关注农业环境问题,提供更多的教育、基础设施、道路、市场等其他资源的必要支持;对于经济挑战,关键在于建立生态集约化经济激励,将价格与农业有关的环境外部性挂钩,制定生态补偿制度,污染者必须对其造成的污染付费。

高尚宾(2008)认为,生态农业是解决我国集约化农业可持续发展的有效途径。通过对国外生态农业补偿政策的分析,中国要实现集约化农业的可持续性,同样要进行生态农业补偿,作者对如何实施生态农业补偿提出了 3 点政策建议：（1）建立"生态农业补偿基金"；（2）明确农业补偿的目标；（3）开展试点工作。

葛继红（2011）认为，对于耕地污染的治理可采取征税和收取适当费用，即对排污染者进行征税或收费，其理论基础是庇古税。如对施用有机肥采取补贴会鼓励农户多施有机肥，又如对化肥增税会导致农户减少化肥施用量。

孔祥斌（2003）对提高华北集约化农区土地可持续利用水平提出了五点调控政策建议：一是严格控制人口数量；二是减少耗水作物的播种，发展节水农业；三是促进农业种植结构的调整；四是政府对农业基础设施进行投资；五是促进劳动力转移，实现土地流通。

席蕊（2015）针对水资源缺乏、水土流失，提出要加强政府农业基础设施的投资建设，避免水土流失进一步加剧；针对农业生态系统的多样性降低，提出要对当地自然资源进行保护，同时提升作物适应环境的能力，保证其能进行良好的自我调节，政府及时调整农业发展战略，建设多样性农业。

1.3.5　耕地利用生态集约化的相关实证研究

目前，学者们对耕地利用生态集约化的研究主要集中在英国、美国等欧美发达国家，以及非洲干旱缺水地带。

吕晓（2022）采用能值分析法测度了沈阳市 2000～2019 年耕地利用可持续集约化水平的时空格局。他认为，在研究期间，沈阳市耕地利用可持续集约化水平得到提高，自西北向东南先下降后上升的空间格局没有发生明显变化，应重点关注水稻种植对耕地利用可持续集约化的影响，合理调适社会经济系统的能值投入，促进耕地生态经济系统的科学利用和保护。

菲尔班克等（L. G. Firbank et al.，2013）以英国为例，认为生态集约化是指粮食产量增加，而环境的最坏情况是既没有遭到破坏也没有变好，也就是生态集约化是在粮食产量增加的情况下，环境至少是没有发生变化，更好的情况是粮食产量增加的同时环境也得到改善。通过选择创新耕地（7个）、乳制品（5个）、混合（4个）和高地（4个）等不同的农场，对这些农场的农户进行问卷调查，选取可衡量生态系统服务情况的农业生产、生物多样性、气候调节、调节空气质量和水质的监管五大类作为评价整个农田的生态集约化的指标（UKNEA，2011），分别对这些农场在2006年和2011年的可持续情况打分，纵向比较各自的生态集约化在2011年是否较2006年有所提高，横向比较哪些农场的生态集约化情况较好。这种评价方法很大程度上改变了英国的耕地生产状况（UKNEA，2011），结果显示，近年来，英国的一些农场，其中包括两个创新耕地农场和一个混合农场均实现了生态集约化，还有一些农场是没有实现生态集约化的，且这些农场2011年的情况较2006年有所恶化。该文章也指出，生态集约化的驱动力主要是金融方面的，农民为了获得最大收益，会减少农业投入，这可以减少浪费和对环境的污染，而来自农耕环境规划中的收入流则为提高农业生物多样性创造了机会。

伊奥尔戈斯·加达纳基斯等（Yiorgos Gadanakis et al.，2015）以英国为例，认为农业生态集约化在英国乃至全世界引起了广泛的政府关注。

加内特等（T. Garnett et al.，2013）以英国为例，对农业生态集约化的前提和相关政策进行了研究，认为农业生态集约化应遵守四大前提条件，它们是：（1）有增加生产的需要；（2）通过提高收益率来增加产量（因为增加耕地面积会带来更高的农村环境成本）；（3）相比较生产力的提高，粮食安全应更多地关注环境可持续性发展；（4）耕地利用生态集约化是政策目标，但这个目标并没有事先给定或未指出通过怎样的农业技术来进行部署。另外，他们指出，农业生态集约化的政策目标有以下五个：（1）在土地利用和生物多样性之间找到平衡点，即在开发利用土地时，不要破坏生物多样性。（2）要兼顾动物的健康与福利，即在提高单位面积产量的时候，可能会对动物的健康与福利产生负面影响，在实现生态集约化的同时，要减少过度消费和不断升级的需求。（3）要考虑人类的全面营养。食品安全包括充足的能量和蛋白质等的全面摄入，好的人体营养需要多样化的饮食，更重要的是，土地生态集约化不能缩小人类的饮食选择。历史上的人类一直在为结束饥饿而努力，如今，如果人类依然把精力放在大宗商品作物的培育效率，而不是微量营养元素的质量，那么结果仍是不好的。笔者认为可以通过改变育种策略或改善作物营养成分，从而减轻这些问题。（4）农村经济得以发展。农业政策与农村经济的支持密不可分，广泛的政策背景可以使农业支持的设计和操作从根本上得到改善，并使土地生态集约化得到完善和发展。笔者认为应该利用现代信息和通信技术和适当的金融工具，使食品生产商应用农业生态集约化实践更有弹性的应对市场冲击和市场信号。（5）实现可持续发展。在最不发达的国家和低收入生产者中，提高产量和农民的收入是关键，但他们经常受到经济不足、物质基础、人力资本及本国制度失败的影响。农业投资作为经济增长的引擎应引起新的关注，这是低收入国家可以重新实现生产可持续的可能性途径。农业生态集约化应该出现在可持续发展议程上，用以识别加强农村社区、提高小农生计和就业、并避免消极的社会和文化影响（包括土地使用权的丧失和强制移民）等农业生态集约化的实践；农业生态集约化的实施有利于实现社会、金融、自然、物质资本的投资。

兰斯·罗宾逊等（Lance W. Robinson et al.，2015）研究了旱地系统的生态集约化，讨论了旱地系统生态集约化的弹性和脆弱性特点，尽管经过了多年旱地研究领域的发展和援助，许多地区仍然面临慢性或季节性的食品不安全、营养不良，以及自然资源有限、耕地退化、水资源短缺、气候变化等生物物理学约束，低水平的政治支持，有限的生产技术、信息和不安全感也会影响农户的生计。这些约束和脆弱性往往使旱地地区农业集约化的潜力较低（Consultative Group on International Agriculture Research，2013）。

茉利·席弗等（Jasmin Schiefer et al.，2015）以德国为例，采用六个固有耕地特征（有机碳含量、黏土质粉砂含量、pH 值、阳离子交换量、土壤深度和坡度）作为衡量哪些耕地具有最好的自然弹性和性能的指标，通过对耕地这六项得分进行加总，并根据得分情况将耕地分成四类，得出哪些耕地是生态集约化的，哪些耕地是非生态集约化的，从而可在这些适合的耕地上实现生态集约化。本书利用卢卡斯耕地网站对 2009 年关于耕地表层土的数据来源调查，并运用了地理信息系统（ArcGIS），结果显示，39% 的德国耕地适合进行生态集约化生产，经过对这 39% 的土壤质量评价的比较发现，大多数的这些土地具有非常高的农业潜在生产力；而大约61%的农业用地不适合进行生态集约化生产，而且对这部分耕地应降低约1.5%的农业生产强度，以避免可能对环境造成的危害。在德国，主要是土壤阳离子交换量太低，从而限制了耕地的生态集约化。在该文章中，作者认为生态集约化是在可持续发展条件下，增加农业生产量以满足世界不断增长的人口的需要。作者还列举了其他学者对生态集约化的定义。

托马斯·凯柏尔等（Thomas W. Kuyper et al.，2014）回顾了世界各地专家、学者关于食品安全、农业集约化、农业生态集约化，以及它们之间关系的不同观点。笔者通过不同专家、学者的观点分析发现，不同的专家、学者对食品安全、可持续发展、集约化和生态集约化持有不同甚至对立的观点。如今，世界人口的不断增长将带来对粮食需求的增长，现有的农业生产量无法满足增长的人口对粮食的需求，食品安全问题将进一步加剧。而现有的农业集约化生产将对环境产生负面影响，如何使食品安全得到保障、农业可持续发展下去，成为当今社会研究的重要课题。笔者认为将可持续与集约化相结合用于农业生产，既能提高农业生产率，保障食品安全，又可降低对环境的负面影响，保护自然资源。

伊洪·塔德勒·迪尔等（Yihun Taddele Dile et al.，2013）以撒哈拉以南的非洲干旱地区为例，研究了这些地区的集水系统在农业生态集约化中的作用，作者认为农业生态集约化的出路是水资源可持续管理，并且是全球农业生态集约化发展的出路。该研究得出了集雨系统能满足生态集约化的标准的结论有：（1）改善干旱和半干旱地区的缺水情况；（2）提高农业产量以保障食品安全；（3）修复退化的耕地以恢复生物多样性；（4）减少对外部环境有负面影响的耕地投入要素；（5）减少封存于陆地上的碳含量以减缓气候变化；（6）减少从上游农田释放营养物质，从而降低了下游河流的污染程度，最终提高了生态系统的弹性。

1.3.6 使用生态效率来测度生态集约化的文献综述

如何评价生态集约化，关键是要找到一个合适的测量环境方面的方法或措施。菲尔班克等（Firbank et al.，2013）强调需要建立发展的指标，同时考虑农业系统的环境压力和经济产出，以评估温带地区的农业生态集约化水平，如复合指标可以用来评估农业部门的可持续性和生产效率（Gomez-Limon & Riesgo，2009），因为通过适当的权重及不同维度的指标，可评估经济、社会和环境三种常见维度下的农业可持续性，以最终产生一个集成的性能输出指标来对农业生态集约化进行评估。巴恩斯和汤姆森（2014）认为，大多数复合指标都聚焦于国家或区域水平，只有几个特别关注了农业部门。然而，到目前为止，还没有一个大家一致认可的指标或综合指标体系用于评价农业生态集约化（Barnes & Thomson，2014；Firbank et al.，2013；Westbury et al.，2011）。

生态效率作为复合性的指标，成为评估可持续性和经济发展效率的一个非常实用的方法（Schaltegger et al.，1996）。经济合作与发展组织（OECD，1998）将生态效率定义为产出与投入要素（生产企业产生的环境压力总和）的比值，它衡量的是生态资源满足人类需求的效率，它是一个潜在评估农业系统生态集约化方法。因此，改善的生态效率指数可以理解为当产出价值保持不变或发生增加时，其所产生的环境压力降低（De Jonge，2004；Euroean Environment Agency（EEA），2010；Gomez Limon et al.，2012）。

世界可持续发展工商理事会（WBCSD，2000）强调指出，改善生态效率指数并不一定改善可持续性，因为生态效率是一个比值，它改善的是相对压力，而可持续发展通常是关心经济活动产生的绝对压力而不是相对压力，生态效率比率的主要缺陷是，农业中高水平的环境压力（如水土流失、农药风险、用水、化肥风险和二氧化碳排放）可以通过高水平的农业净收入来补偿（Gomez-Limon et al.，2012；Kuosmanen Kortelainen，2005；Picazo-Tadeo et al.，2011），但是这并不妨碍生态效率刺激创新，增强农业系统的生态集约化。库斯宁曼和科特莱宁（Kuosmanen & Kortelainen，2005）认为，使用生态效率指数来评价生产系统对环境的影响的原因至少有两个：首先，在试图减少环境压力的背景下，生态效率的改善可以证明此措施是划算的；其次，从政策角度看，有效利用改进的投入比政策更有吸引力、更容易直接限制经济活动。这种双赢政策不需要建立更强的环保法规，便可促进投入要素的使用效率，鼓励可持续农业，并将导致化肥、农药、化石燃料等有害投入要素的减少，还将提高环境效率和节省净成本（De Jonge，2004）。

因此，生态集约化被视为经济与生态之间的一个平衡，它事实上可被看成是生态效率的一个前沿面，旨在减少农业的环境压力，换句话说，农业生态集约化的前沿面是指，不提高生产的集约度，就不能增加产出。生态效率前沿面估计可以使用数据包络分析（DEA）方法，它是一种基于非参数前沿的方法。

刘源（2022）创新性地采用超效率 SBM 模型测度 2000~2019 年辽宁省耕地利用可持续集约度。相比传统的 DEA 模型，超效率 SBM 模型具有以下优点：（1）将松弛变量直接加入目标函数的测算中，考虑了实际效益的最大化；（2）有效 DMU 的效率值的测算结果有 ≥1 的数值；（3）产出部分也将非期望产出考虑到结果的测算中。切基尼等（Cecchini et al.，2018）利用 SBM–DEA 对意大利翁布里亚奶牛场环境效率进行研究，将二氧化碳作为不良产出纳入效率分析框架。林等（Lin et al.，2017）认为耕地集约利用效率测算应与农业环境指标相结合，以保证耕地利用的可持续性。

科尔霍宁和卢普塔西克（Korhonen & Luptacik，2004）基于 DEA 模型的建模和评估的生态效率，是同时考虑经济和生态性能，目的是使生产过程产出最大化、环境压力最小化。根据皮卡佐·塔德奥等（Picazo-Tadeo et al.，2012）的观点，这为经济产出和环境压力发展提供了一个广泛的模型。

目前已有学者使用 DEA 技术讨论不同行业的生态效率（Hua et al.，2007；Korhonen Luptacik，2004；Kuosmanen Kortelainen，2005；Lauwers，2009；Zhang et al.，2008）。尽管 DEA 技术已被广泛用于评估农场环境绩效（Asmild & Hougaard，2006；Buckley & Carney，2013；D'Haese et al.，2009；De Koeijer et al.，2002）和农业部门（Barnes et al.，2009），但只有少数研究论文用来评估农业生态效率（Gomez–Limon et al.，2012）。戈麦斯·利蒙等（Gomez-Limon et al.，2012）使用 DEA 方法测度了农业生态效率。皮卡佐·塔德奥等（Picazo-Tadeo et al.，2011，2012）使用 DEA 技术评估西班牙瓦伦西亚的 171 个农业系统的潜在环境压力。伊奥

尔戈斯·加达纳基斯等（Yiorgos Gadanakis et al.，2015）在其文章中使用生态效率来评价农场生态集约化，即用农场单位产出毛收益与单位面积投入成本的比值作为衡量农场生态集约化的标准，他们选取了英国42个农场，并用 DEA 方法找到各个投入要素和各个农场对应的权重，最后计算出每个农场的效率，若效率等于1，说明此农场实现了生态集约化，若小于1，说明该农场非生态集约化，可以对投入要素进行相应的改进。菲尔班克等（Firbank et al.，2013）认为当一个农场已经有效提高耕地单位面积产出的同时，没有出现一个事先选定的环境指标恶化，那么这个农场就实现了生态集约化。

巴克利和卡尼（Buckley & Carney，2013）选取爱尔兰共和国225个乳制品农场和80个耕地农场，研究它们的生态集约化水平，并以生态效率来代替生态集约化，使用输入型的 DEA 模型来进行测度。这些农场集约度非常高，它们的排放物对水体可能会造成巨大的威胁，作者以 N 肥、P 肥、劳动力、其他投入成本作为输入变量，以每公顷总产值为输出变量，研究了这些农场如何在产出不变的情况下使投入要素达到最小化。

皮卡佐·塔德奥等（Picazo-Tadeo et al.，2011）以西班牙瓦伦西亚的171个雨养农场为研究对象，选取了7个自变量，以单位面积经济增加值为输出变量，用生态效率代替生态集约化，运用 DEA 测度其生态效率。得出平均生态效率值为0.56，绝大多数的农场非生态集约化。他还运用截断回归方法研究了农场非生态集约化的影响因素，得出了3个相关结论，并提出了相应的调控政策建议。

1.3.7 文献述评

通过对相关研究文献的梳理发现，国外对耕地利用生态集约化的界定和测度已经有了非常丰富的研究，也有学者进行了耕地（农场、农用地、农业）生态集约化评价、影响因素研究，对耕地（农用地）集约化利用的可持续发展也给出了一些建议参考，这为本书的开展奠定了坚实的理论基础和实证依据，对探讨我国耕地利用生态集约化有着非常重要的借鉴意义。但也存在一些未尽之处，可以在此基础上进行进一步的研究。

（1）纵观国内外现有的研究文献，本书发现，对于如何测度/评价耕地利用生态集约化的文献非常少，只有国外少数几位学者对其进行了研究分析，大多数学者主要是研究农场、农业生态集约化，这里的农场只有较少的一部分是耕地，更多的是农产品、乳制品、混合和高地农场，选取的指标侧重的也不是耕地土壤方面，且较少考虑化肥、农药和农膜残留物对耕地土壤质量的影响，当今世界耕地生产过程中农药、化肥农用化学品投入越来越高，已经严重影响到耕地环境（孔祥斌，2003；IAASTD，2009；朱会义，2014；潘丹，2013；赵兴国，2011；吕晓等，2020）。因此，在评价耕地利用生态集约化时，有必要考虑农用化学品等投入要素的影响；而且现有的指标选取主要是经济、环境指标，没有考虑社会因素，在耕地利用生态集约化中，社会因素对它的影响也是非常重要的，随着我国工业化和城镇化进程的推进，大量农村劳动力向城镇转移，对农业生产产生了巨大影响，笔者选取劳动力要素来衡量耕地利用生态集约化的社会影响。在产出要素上，笔者选择单位面积产量/产值指标。因此，笔者在评价耕地利用生态集约化时，既考虑了经济和环境因素，又考虑了社会因素，这样做将使评价体系更稳健、更可靠。

（2）已有文献对耕地利用生态集约化影响因素的研究非常少，大多是关于农场、农业生态集约化的影响因素，或从微观视角来研究，或从宏观视角来研究，很少有将微观视角和宏观视角结合起来研究的，且大多选取的数据是二手数据。笔者认为影响耕地利用生态集约化的因素既有宏观政策方面的，又有微观农户层面的，只从某一个视角来研究有失偏颇。因此，笔者既从宏观区域层面研究了影响耕地利用生态集约化的因素，又通过实地调研，获取一手资料，对影响耕地利用生态集约化的微观农户行为进行了深入探讨。

（3）已有的文献对耕地利用生态集约化的调控政策/对策的研究，主要集中在农场、农业生态集约化方面，并且提出调控对策时，大多是根据经验提出来的。调控政策的实施，关系到政策实施效果的好坏，仅仅凭经验是不够的，时代在变，经济环境、社会环境等都在改变，虽然据此提出来的对策有一定作用，但其针对性已被削弱。如何在政策未实施时，有效而准确地预测到政策实施效果的好坏十分重要，因此，笔者运用基于复杂适应系统理论的多主体模型，对耕地利用生态集约化调控政策的实施效果进行了模拟仿真，将使政策的实施效果更好、更具针对性。

1.4 研究方法、研究思路和研究内容

1.4.1 研究方法

本书以农户行为理论、耕地规模经济理论、可持续耕地利用理论、耕地面源污染管控理论、复杂适应系统理论为基础，规范分析与实证研究相结合。从经济学、社会学和生态学的角度，运用统计学、计量经济学、多主体模型等方法研究了耕地利用生态集约化的驱动机制与调控政策，主要有以下几种方法。

（1）文献研究法：通过对耕地利用集约化的时空差异、类型差异、生态集约化的影响因素和调控政策等相关的国内外文献、书籍、网页、统计年鉴等资料的收集、整理和研究，了解耕地利用生态集约化的相关研究现状，以便更好地理解耕地利用生态集约化的驱动机制与调控政策，使本书的内涵和外延更丰富、更明确、更科学，为之后构建计量经济学模型、多主体模型分析等打下基础。

（2）实地调研法：本书在研究区安排了较多的实地调研和问卷调查。综合运用问卷法、访谈法和资料收集法对研究区耕地利用生态集约化的相关现状进行深入的调查，采取国际上通行的分层随机抽样法进行抽样，利用目前全球农村工作和研究人员广泛接受的参与式农村评估法（PRA）进行农户调查，在抽样调查的基础上采取定性和定量相结合的分析方法，深入剖析耕地利用生态集约化的影响因素。

（3）DEA 评价方法：本书在对耕地利用生态集约化研究时，从投入、产出角度来测度，选取投入、产出指标，运用 DEA 方法测度耕地利用生态集约化水平，区分哪些耕地是生态集约化的，哪些是非生态集约化的。

（4）经济计量分析法：本书利用统计分析方法整理和分析农户的问卷调查和耕地利用变化的地块数据，并运用逐步回归模型实证分析了耕

地利用集约化的影响因素，最终找到驱动江西省耕地利用生态集约化的动力机制。

（5）多主体（M-ABM）仿真模拟分析法：本书运用 M-ABM 仿真模拟法，构建区域 M-ABM 模型，并应用数学手段进行参数敏感性分析、模型和数据的不确定分析；探索政府有效调控耕地利用可持续化集约化的政策。采用情景分析法，模拟不同政策情景下的农户耕地利用生态集约化的行为，利用基于随机过程的蒙特—卡罗方法来模拟检测结果的可信度，对模型进行验证和修正。

1.4.2 研究思路与技术路线

本书的目的在于找寻耕地利用生态集约化的影响因素，发现耕地利用生态集约化的驱动机制，从区域和农户尺度上对影响耕地利用生态集约化的因素进行深入挖掘。由于造成耕地非生态集约化的原因有宏观因素和微观农户因素，只有找到真正造成非生态集约化的宏观政策上的原因和微观农户行为原因，以及宏观政策如何影响微观农户行为，微观农户如何对宏观政策作出反应的原因，才能真正挖掘出耕地利用生态集约化的驱动机制，从而得出行之有效的政府调控政策。因此，本书的研究思路是在大量研究国内外文献回顾的基础上：第一，对耕地利用生态集约化的概念进行界定，构建了江西省耕地利用生态集约化的测度体系；第二，在区域尺度，对江西省耕地利用生态集约化的时空差异及其影响因素进行了分析；第三，利用笔者深入农户家中调研的一手数据，分析江西省不同类型农户不同作物的耕地利用生态集约化水平，从微观农户行为找寻造成耕地利用非生态集约化的原因，试图从农户个人特征、家庭及生产经营特征、耕地特征、收入状况、市场条件、农业技术掌握情况、环境保护意识和对政策法规的了解等方面，探索耕地利用生态集约化的微观影响因素；第四，运用复杂适应系统理论（complex adaptive system，以下简称"CAS 理论"）和多主体（M-ABM）建模方法，设计实施化肥税和生态补偿两种政策情景，通过模拟农户自适应行为对政策的响应，评估政策对耕地可持续利用集约化的调控效果；第五，提出科学合理的耕地利用生态集约化的调控政策。具体的技术路线如图 1 - 1 所示。

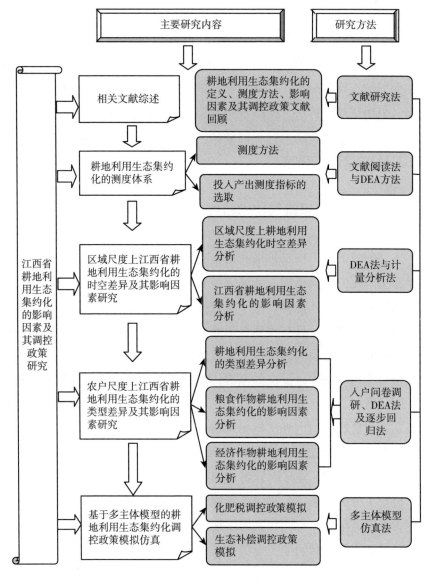

图 1-1 技术路线

1.4.3 研究内容

本书以耕地利用生态集约化为主线，采用定量分析与定性分析相结合的方法，通过实证分析和模拟仿真手段，在区域尺度和农户尺度上揭示江西省耕地利用生态集约化的影响因素，并提出相应的调控政策建议。

区域尺度分析是基于江西省统计数据，在区域尺度上分析江西省耕地利用生态集约化的时空差异，从区域尺度上揭示耕地利用生态集约化的影响因素，并试图从区域尺度找寻江西省耕地利用生态集约化的驱动机制。

农户尺度分析则在对农户入户调研的基础上，分析江西省耕地利用生态集约化的农户差异，并从农户视角探究耕地利用生态集约化的影响因素，试图从农户微观视角找寻江西省耕地利用生态集约化的驱动机制。

因此，整个研究按照测度体系构建→区域尺度分析→农户尺度分析→模拟仿真→调控政策的脉络演进。

（1）本书对已有文献进行回顾梳理，分析国内外学界对耕地利用生态集约化的研究现状，指出已有研究的成就与空白之处，以及选题价值与选题意义所在。

（2）建立基于 DEA 方法的耕地利用生态集约化测度体系。根据指标体系建立的原则，进行指标体系的构建（分别从投入和产出方面选取指标），如何运用 DEA 方法在耕地利用生态集约化评价方面进行论述。

（3）在区域尺度上测度江西省耕地利用生态集约化水平，分析其时空差异并对其影响因素进行探究，试图探寻耕地利用生态集约化的宏观驱动机制。首先，运用耕地利用生态集约化测度体系，对江西省耕地利用生态集约化进行了测度，并进行了时空差异分析；其次，从人口非农化、产业非农化、农村居民家庭人均纯收入、复种指数和农业政策等方面研究其对江西省耕地利用生态集约化的影响，试图探寻江西省耕地利用生态集约化驱动机制。

（4）在农户尺度上测度江西省耕地利用生态集约化水平，并对其影响因素进行研究，试图探寻耕地利用生态集约化的农户微观驱动机制。首先，运用耕地利用生态集约化测度体系，以笔者历时 2 个月的入户问卷调研一手数据为基础，测度纯农户、兼业户和非农户种植粮食、经济作物的耕地利用生态集约化水平及其类型差异；其次，对其影响因素分别进行了深入探讨。

（5）基于复杂系统理论的多主体模型，从化肥税政策和农业生态补偿政策两方面对江西省耕地利用生态集约化进行模拟仿真，试图探寻江西省耕地利用生态集约化的调控政策。

（6）在以上研究内容的基础上，分析提炼出本书的主要结论，并提出进一步研究的计划与展望。

1.5　本书的创新点

本书在充分吸收前人相关理论研究成果的基础上，坚持理论突破与创新的思想，阐述问题与分析问题，尽量发现新视角与新方法。本书主要的创新点表现在如下三个方面。

（1）研究视角的创新。在前人研究耕地可持续利用或耕地集约利用的基础上，创新性地将二者结合起来，对耕地利用生态集约化问题进行探究。

（2）研究内容的创新。一是本书通过实地调研获取了大量关于农户对耕地利用生态集约化所持观点和态度的一手数据（如农户对耕地利用中化肥、农药等农用化学品使用所持的态度，对耕地面源污染的了解程度及所持的观点），这是以往研究耕地利用集约化影响因素时很少涵盖的内容，以往的相关研究要么很少涵盖这些内容，要么是二手数据，笔者利用这些农户一手数据在农户尺度上对江西省粮食、经济作物耕地利用生态集约化的影响因素中进行了深入的分析；二是本书从区域尺度和农户尺度两个方面分别探讨耕地利用生态集约化的时空差异和类型差异，同时对耕地利用生态集约化的宏观和微观影响因素进行了深入分析，试图揭示耕地利用生态集约化的内在和外在驱动机制。

（3）研究方法的新应用。本书首次将复杂适应系统的多主体模型（M-ABM）方法运用于耕地利用生态集约化的调控政策，对其进行了模拟仿真，是复杂系统方法在耕地利用调控政策研究中的新应用。

第 ❷ 章

相关概念界定与理论基础

2.1　概念界定

2.1.1　耕地利用

耕地利用是伴随着人类的出现而产生的，是一个既古老又年轻的研究领域。特别是 20 世纪以来，人口的急剧增长导致可利用的耕地资源越来越少，耕地利用问题逐渐引起了世界各国的关注（李秀彬，2008；谢花林，2016）。学术界目前对耕地利用的概念尚未形成统一认识，主要存在以下观点：（1）耕地利用是指人类劳动与耕地结合获得物质产品的经济活动，这一活动表现为人类与耕地进行的物质、能量和价值、信息的交流、转换；（2）耕地利用是由自然条件和人为干预所决定的耕地功能；（3）耕地利用是指人类对耕地自然属性的利用方式和目的意图，是一种动态过程；（4）耕地利用是指人类对特定耕地投入劳动和资本，以期从耕地中得到某种欲望的满足；（5）耕地利用是指在既定时间、空间和特定地点的一切已开发和空闲耕地的表面状况（刘志飞，2015）。

综上所述，人类社会发展离不开耕地，没有耕地也就没有人类，同时，人类的耕地利用活动使得耕地质量和耕地利用方式发生变化。耕地利用就是指由耕地质量特性和人类耕地需求协调所决定的耕地功能过程。它包含两个方面的含义，一是指人类根据耕地质量特性开发利用耕地、创造财富以满足人类生产和生活的需要；二是指利用耕地改善环境、保护植被和土壤以期获得持久产量和协调人类与环境的关系。耕地利用既受自然条件制约，又受社会、经济、政治、技术条件影响，是这些因素共同作用的结果。因此，从系统论的观点来看，耕地利用的实质是耕地自然生态子系统和耕地社会经济子系统及人口子系统为纽带和接口耦合而成的耕地生态经济系统。本书的耕地利用主要指农户的耕地利用，包括耕地利用方式、耕地利用集约化和耕地利用生态集约化（刘志飞，2015）。

2.1.2 耕地利用集约化

耕地集约利用的概念是李嘉图等古典政治经济学家在对农业土地利用的研究中首次提出的，是针对粗放式耕地利用而言的（Hualin Xie，2021；李秀彬，2008），耕地资源是有限的，在耕地资源供给约束下，经营者通过增加单位耕地面积上的资本和劳动投入来提高产品产量或经营收益，单位耕地面积上资本和劳动投入高的，被称为对耕地资源的集约利用；而低的，称为粗放利用。可见，耕地集约或粗放利用的本质是资本、劳动等经济要素与耕地间的替代（或资源替代）（李秀彬，2008；朱会义，2014）。布鲁克菲尔德（Brookfield，1972）将耕地集约利用定义为经营者用资本、劳动力及技术来替代耕地面积以提高产出的过程。耕地利用集约化是一个通过不断增加投入来提高产出的过程（李秀彬，2008；朱会义，2014；Trewavas A.，2002；Tilman D.，2011；Lambin E. F.，2011），例如，投入要素的增加，特别是化肥、农药、农地膜、灌溉用水等投入要素的增加（张琳，2008；谢花林，2016）。

本书把单位面积耕地上的资本、技术和劳动投入量看作是耕地利用的集约度，表示耕地与资本、技术和劳动的结合程度，投入越多，耕地利用集约化水平越高。

2.1.3 耕地利用生态集约化

在文献综述部分，众多的学者对耕地利用生态集约化进行了定义，耕地利用生态集约化（又叫生态集约化、生态效率），是在集约利用现有耕地的基础上，既提高耕地产出，同时又要减轻集约化过程对环境产生的压力，使得集约化过程的负面影响最小，从而保证有限的耕地能够持续提供人类需要的产品和功能（Hualin Xie，2021；吕晓，2022；Lovett G. M.，2007；Turner B. L.，2007；Hannah L.，1994；T. scharntke T.，2005；Krausmann F.，2005；Pretty et al.，2011；Garnett et al.，2013；L. G. Firbank et al.，2013；朱会义，2014；Brian Petersena & Sieglinde Snappb，2015）。

本书的耕地利用生态集约化是指，在集约利用现有耕地的基础上，既提高耕地产出，同时又要减少耕地生产过程中化肥、农药和农膜等农用化学品的投入，降低其对耕地环境的影响和破坏程度，使得集约化过程对耕地环境产生的负面影响最小，从而保障食品安全，保障耕地可持续地利用下去，保证有限的耕地能够持续提供人类需要的产品和功能。

2.2 相关理论基础

2.2.1 农户行为理论

当代农户行为理论研究主要有以下几大学派。一是小农学派，又称组织与生产学派，该学派的代表人物是20世纪20年代苏联经济学家恰亚诺夫（A. Chayanov），他认为农民在农业生产中主要是满足自身的家庭消费需求，追求生产风险的最小化，而不是利润最大化。恰亚诺夫通过对小农家庭经济与资本主义经济的比较分析，阐述了小农经济的特征与资本主义经济学的不适用性，提出对不同的经济类型应使用不同的概念和范畴。恰亚诺夫认为，小农家庭农场的运行机制以劳动的供给与消费的满足为决定因素。他通过建立农户行为模型分析了俄罗斯农民在工作和休闲之间的时间分配行为，并提出了农户的劳动—消费均衡公式，该公式指出，对于农户的任何新增收入，都应该从其满足农户家庭消费需要及为获得收入所花费劳动的辛苦程度两方面去认识，农户对农场经济的投入量，是以农户主观感受的"劳动辛苦程度"与消费产品所获得的满足感之间的均衡来决定的。在追求最大化上，小农的选择是其消费需求的满足和劳动辛苦程度之间的平衡，而不是成本与利润之间的平衡。

二是理性小农学派，该学派的代表人物是 20 世纪 60 年代的美国经济学家西奥金·舒尔茨（T. Schultz），他认为农民追求的是利润最大化。作为理性经济人的农民，当一定的生产外部条件得以满足时，会合理利用和配置各种资源，从而实现利润最大化。西奥金·舒尔茨在其代表作《改造传统农业》中对农户的理性行为有较多的论述，他认为，即使在传统农业中，农民也并不愚昧，相反他们却都精明能干，农户就是在特定的资源和技术条件约束下的"企业"，他们的行为完全是理性的，其目标是追求利润最大化，农户时刻盘算着怎样才能以最少的投入获得最多的产出，生产要素被他们配置得恰到好处，达到了最佳状态。因此，传统农业的停滞，既不是因为小农进取心和努力的缺乏，也不是因为自由竞争市场经济的缺乏，而是因为传统农业投资边际收益的递减。不发达国家农业落后的原因在于其在经济增长过程中把工业化放在优先地位，而农业却是一个没有现代投入的部门，农业生产的任何增加都是来自农业劳动力和其他传统要素的增加。因此，试图通过重新配置现有生产要素来改变传统农业只能是一厢情愿（舒尔茨，1996）。

三是有限理性假说，该学派的代表人物是 20 世纪 70 年代的诺贝尔经济学奖得主赫伯特·西蒙（Simon），他提出了农民的生产行为决策是有限理性的，它是介于完全理性与非完全理性之间的，满足一定条件的有限理性，决策目标是寻求令人满意的决策而不是最优决策。赫伯特·西蒙认为以完全理性为前提的经济人最大化行为假设是有缺陷的，他认为信息的不完全性、外部环境的不确定性、人的计算能力和认识能力的有限性，使得人们要把所有的价值统一到单一的综合性效用函数中成为不可能完成的事，因此人的理性是有限的。由于人的理性是有限的，因此人们不可能认识到所有的备选方案及其实施后果，也不可能对不确定的未来估计出一致的现实概率。所以，人们在决策的过程中遵循的并不是最优原则，而是满意原则。现实生活中消费者追求的不是效用最大化而是适度效用。西蒙运用"效用"模式来分析传统农户，走出了农户完全理性的困境，认为人的理性不是无限的，人在面对外界信息做出各种反应时，理性因素和非理性因素同时发挥作用，信息的不完全性会导致人们决策和行为的非理性。

四是历史学派，该学派的代表人物是20世纪80年代的黄宗智，他以中国解放前的农业发展为研究对象，提出了中国农民农业生产的目标是追求效用最大化，以满足家庭人口最基本的生存口粮，而不是利润最大化。在他的两本代表作《华北的小农经济与社会变迁》及《长江三角洲小农家庭与乡村发展》中，黄宗智认为农户在就业机会缺乏和耕地严重不足而面临生存压力时，农户完全没有意识到经济学中的边际报酬递减规律，即使在边际报酬非常低的情况下，依然会不断地向耕地投入劳动力，而产生了"没有发展的增长"的极端的"过密化"现象（总产出以边际报酬下降为代价下的发展）。

2.2.2 耕地规模经济理论

规模经济是经济学中普遍存在的规律，适用于各种资源配置的研究，同样也适用于耕地资源的配置研究。耕地利用规模是指相对独立的某项或某类经济活动占用耕地面积的大小，是反映耕地生产要素聚焦程度和范围的指标。合理的耕地利用规模应该使耕地聚焦效应最大。

规模经济是指单位企业或厂商因其生产规模的增加而产生的经济效益，又称为内部规模经济、内部规模效益或聚焦的内部性。在西方经济学中，规模效益主要来源于固定成本分摊的节省，其直接的效果表现在单位成本的降低，所以用生产规模与产品平均成本之间的关系来描述规模经济的作用。

随着经济实体生产规模的扩大，单位产品成本变化通常经过三个阶段，即单位产品成本递减、不变和递增三阶段。如果使用C-D生产函数，则可以根据各投入要素的生产弹性值之和大于 1、等于 1、小于 1 来判断规模报酬是属于递增、不变还是递减。更常用的是根据不同规模经营单位的成本和产量数据，推导出长期成长的规模弹性值。

规模经济能提高生产率的主要原因在于劳动的专业化和大生产方式，以及生产存在着最低有效规模。劳动专业化的生产率大于个别工序的劳动生产率，大生产方式则提高了整个生产的效率。提高生产率必须投入固定资产，它需要有个最低的生产规模支持，低于此规模入不敷出；超过此规模则能使单位总生产成本减少，并在一定规模上实现最低总成本和最佳生产效率。

规模不经济表现为过大的经济规模导致各种成本和投入的增加，反而形成经济效益下降的现象。

耕地规模经济是指因耕地规模扩大而增加的收益大于由此造成的成本。耕地规模经济的对立面是耕地规模不经济。耕地规模不经济是因耕地规模扩大而增加的收益小于由此造成的成本。在农业生产中，耕地是直接生产资料，耕地经营的规模经济与规模不经济原理与企业或厂商相同。

要实现耕地规模经济，就要使耕地适度规模经营，它是与一定经济发展水平、物质装备程度和生产技术结构相适应的，保证耕地生产率最高，并能够取得劳动生产率最高的耕地经营规模。在一定技术条件下，如果规模过小则会导致其他生产要素的闲置和利用不当，引起规模不经济。

规模经营的制约因素包括：当地的自然气候条件、耕地条件、耕地利用结构和方向、人口与劳动力资源，生产力水平和技术水平，技术装备和资金条件，管理条件与水平，经营方针，农业产业化、机械化、专业化、商品化和社会化程度，人地关系等诸多因素。

耕地适度规模经营是指在保证耕地生产率提高的前提下，使每个种植业劳动力经营的耕地规模与当时当地的社会经济发展水平相适应，从而实现劳动效率、技术效率和规模效率的最佳组合。从技术经济管理的角度看，开展耕地规模经营是农业机械化、现代化的客观要求，也是进一步发展粮食生产的客观需要。因为过小的耕地经营规模，不仅限制了农业向商品化方面发展，影响农业本身的积累水平和自我发展能力，也限制了农业机械化、现代化的进程。本书的第四、第五章均用到该理论。

2.2.3 可持续耕地利用理论

20世纪60年代末，人类开始关注环境问题，可持续发展（sustainable development）的概念最早是1972年在斯德哥尔摩举行的联合国人类环境研讨会上正式讨论的。

而第一次真正科学地论述可持续发展的概念，并预示着它的成熟，还是挪威首位女性首相格罗·哈莱姆·布伦特兰（Gro Harlem Brundtland）在1987年世界环境和发展委员会发表的《我们共同的未来》，她指出可持续发展是指："既能满足当代人的需要，又不对后代人满足其需要的能力构成危害的发展"（世界环境与发展委员会，1997），引起了国际社会的广泛共识。

可持续发展主要包括生态、经济、社会可持续发展。可持续土地利用是可持续发展理论在土地应用中发展起来的，可持续土地利用的思想正式确认是在首次国际可持续土地利用系统研讨会（International Workshop on Sustainable Land Use System），它是1990年2月由美国农业部（USDA）、美国Rodale研究中心和印度农业研究会（ICAR）在新德里共同组织的，该会议评价了世界不同地区可持续土地利用系统的现状和问题，并提议构建全球可持续土地利用系统研究网。

土地资源可持续利用意味着土地的数量、质量要满足不断增长的人口和不断提高的生活水平对土地的需求。土地是可更新资源，利用得当，可循环永续利用；如果利用不合理，土地生产能力就会部分或全部丧失。土地资源的可持续利用早就引起了各国政府与土地、土壤专家们的注意。

1990～1995年，加拿大（1993年6月）、泰国（1991年9月）就土地可持续利用召开过两次国际学术讨论会，提出了可持续土地利用中的生产性、稳定性、保护性、可行性和可接受性五大原则。一是生产性，即提高土地的生产潜力，它必须以保证土地资源的合理利用和加强生产服务为前提。二是稳定性，即改善土地生产的生态条件以保证生产的稳定性。三是保护性，即不能因生产或高产而破坏水土资源。四是可行性，即生产与经济要双向可持续发展，决不能"高产"出"穷村"。五是可接受性，可持续必须考虑社会的可接受性。上述五个原则同等重要，被称为可持续土地利用的五大支柱（刘志飞，2015）。在会议上，会议方对此达成了共识，土地可持续利用是可持续发展思想应用于土地科学而产生的新名词。

耕地可持续利用理论是在可持续土地利用思想上发展起来的（辛玥，2021；陈俊，2007；刘宗强，2010）。耕地是人类赖以生存的基础，任何经济、社会、资源环境的发展都离不开耕地，耕地是它们发展的物质载体。当今人类面临的重大问题无不直接或间接地与耕地资源有关，从某种程度上说，研究耕地可持续问题是解决人类重大问题的主要方法和途径。

2.2.4 复杂适应系统理论

复杂适应系统理论主要是在 20 世纪初出现的以贝塔朗菲、维纳和香农为代表的以控制为主的"老三论"，以及 20 世纪中叶以自组织现象为主的"新三论"的基础上发展起来的以复杂性研究为主的理论，它与还原论相对应。还原论是近代科学研究方法中的主流思想之一，即将事物分解成若干部分，抽象出最基础的因素，然后再以部分的性质去说明复杂事物，由事物各个组成部分的运行规律来推导、解释事物整体的运行规律，它从事物的低级水平到探索高级水平的规律，极大地推动了科学研究的发展。但是，随着科学的不断发展，还原论在解释世界的整体性、进化性和层次性方面的缺点逐渐暴露出来，还原论认为整体的性质可以通过分析部分行为并将其进行加总而得到，但是部分在组成整体时，整体所出现的不具有的性质部分用还原论来进行解释，显然是不合理的。面对还原论无法解释的复杂问题，系统的观点逐渐兴起，并且系统科学已经深入传统学科的核心，强调系统的整体观念，它与还原论不同，强调的是整体观念，从研究系统的整体结构出发，强调将个体放置于整体环境中研究，研究个体之间的相互作用（杨顺顺，2012；方美琪与张树人，2005）。

　　复杂性研究作为系统科学研究的新阶段，主要研究具有自适应、自组织现象的系统运行规律，从系统自身的结构演化运行规律来找寻产生系统复杂性的根源。简单的线性模型无法刻画普通的非线性关系，普通的非线性关系又无法体现组成复杂系统的微观个体自适应、自组织行为，以及引起的复杂系统的变化，复杂适应系统理论提供了认识复杂系统的新方法。

第 3 章

耕地利用生态集约化的
测度体系

3.1 引　　言

　　耕地是人类赖以生存的物质基础，关系到世世代代人们的生存问题，当前人类在耕地利用过程中，只关注如何最大化提高单位面积产出，不断增加外部投入要素，而无视耕地的质量退化、污染及带来的外部环境问题。如果不对耕地加以保护，无节制地使用，耕地一旦遭受污染和破坏等，将使耕地利用非生态集约化。许多专家已经指出我国的耕地正过度集约化，现有的耕地压力过大，耕地质量下降，耕地重金属污染问题严重（刘成武等，2020；李海鹏，2007；葛继红，2011；魏欣，2014）。

　　有关江西省耕地利用生态集约化的研究无法回避一个问题，即江西省的耕地利用是生态集约化的还是非生态集约化的？如何测度江西省耕地利用生态集约化，是本书研究江西省耕地利用生态集约化面临的最基本的问题。只有准确测度了现有耕地的生态集约化水平，厘清江西省耕地利用生态集约化状况，才能进一步分析耕地利用生态集约化的影响因素，最终提出科学合理的调控政策建议。

　　在国内，很少有人研究耕地利用生态集约化的测度/评价问题，大多侧重于概念和理论的研究，如朱会义（2014）指出土地利用集约化的未来发展趋势是生态集约化，并给出了土地利用生态集约化的定义。但对相关领域如农场、农业等的生态效率测度/评价方法，以及农地、农业可持续利用评价方法已经积累了大量的理论与实践成果。例如，张丽（2007）运用主成分分析方法，构建了可持续发展状况的指标体系，对河南省农业可持续发展进行了实证分析；袁久和（2013）使用熵值法对湖南省 2001～2010 年农业可持续发展能力进行了动态评价；程翠云（2014）基于机会成本的经济核算方法，对我国 2003～2010 年的农业生态效率进行了总体分析与评价。还有一些学者使用能值法对相关领域可持续发展进行了评价，如杨谨（2012）使用该方法对广西恭城瑶族自治县沼气农业生态系统可持续发展现状进行了评价；赵玉萍（2007）基于该方法对内蒙古通辽市西南部奈曼旗农业生态经济系统可持续性进行了评价；朱玉林（2010）基于能值法对湖南农业生态系统的可持续性进行了评价。还有较多的学者使用 DEA 方法对农业等的生态效率进行测度，如刘源（2022）采用超效率 SBM 模型测度 2000～2019 年辽宁省耕地利用可持续集约度，并运用 Tobit 模型探究影响因子。张子龙（2014）应用 DEA 中的非期望产出 SBM 模型，对 2001～2011 年陇东黄土高原农业生态效率的时空演变进行了分析；付永虎（2016）采用经典 DEA 分析方法对上海青浦区农业土地利用效率进行了分析。

国外有部分专家对农场、农业等生态集约化测度问题进行了研究。一是有部分专家使用生态效率或效率来代替生态集约化，再用 DEA 方法进行测度，如切基尼等（Cecchini et al.，2018）利用 SBM – DEA 对意大利翁布里亚奶牛场环境效率进行研究，将二氧化碳作为不良产出纳入效率分析框架。皮卡佐·塔德奥等（Picazo-Tadeo et al.，2011）以农场专业化水平、投入的 N 与排放的 N 的比例、投入的 P 与排放的 P 的比例、单位面积投入的农药、投入与产出能量之比为输入变量，以单位面积经济增加值为输出变量，用生态效率代替生态集约化，运用 DEA 测度其生态效率，对西班牙瓦伦西亚的 171 个雨养农场进行了生态集约化研究。菲尔班克等（L. G. Firbank et al.，2013）同样用生态效率代替农场生态集约化，运用 DEA 方法对英国创新耕地、乳制品、混合和高地农场进行了农业生态集约化的测度，得出绝大多数农场均非生态集约化的结论；巴尔内斯等（A. P. Barnes et al.，2014）使用了 DEA 方法评价城市用地的生态集约化问题；伊奥尔戈斯·加达纳基斯等（Yiorgos Gadanakis et al.，2015）使用生态效率来代替农场生态集约化，运用 DEA 方法对英国 61 家农场生态集约化进行了评价。用此方法来测度生态集约化的学者、专家或部门还有沙尔特塔等（Schaltegger et al.，1996）、经济合作与发展组织（OECD，1998）。二是用其他方法来测度相关领域生态集约化，例如，蒂莫·库斯马宁和米卡·科特莱宁（Timo Kuosmanen & Mika Kortelainen，2005）用二手数据通过因子分析法研究了苏格兰 2000～2010 年牛肉农场生态集约化问题；茉莉·席弗等（Jasmin Schiefer et al.，2015）以德国耕地为例，采用六个固有土地特征（有机碳含量、粘土质粉砂含量、pH值、阳离子交换量、土壤深度和坡度）作为衡量哪些耕地具有最好的自然弹性和性能的指标，通过研究哪些土地适合生态集约化，哪些土地不适合生态集约化，从而可以在这些适合的耕地上进行生态集约化生产。

从以上分析可以看出，较多学者使用 DEA 方法来测度相关领域的生态集约化水平问题。本书在借鉴国内外相关学者研究成果的基础上，运用 DEA 方法构建耕地利用生态集约化测度指标体系，以测度江西省耕地利用生态集约化水平。

3.2 测度指标体系构建的基本原则

根据研究区的实际情况，并按照科学性与合理性、客观性与可操作性相结合的原则，以及耕地利用本身的特点，本书在构建耕地利用生态集约化测度指标体系时遵循以下具体原则。

3.2.1 全面性、不重叠、科学性原则

选择合适的指标必须要在全面、系统、准确地把握耕地利用生态集约化内涵和实质的基础上，综合考虑研究区耕地利用的特点，对相关指

标进行筛选和取舍。且确定的指标体系既要避免指标烦琐和重复，也要减少重要性指标遗漏的情况，这样才能体现科学性原则。

3.2.2 代表性原则

评价指标体系是理论与实际相结合的产物，无论采用什么样的定性、定量方法，还是建立模型，都必须是客观的抽象描述，要抓住最重要的、最本质的和最有代表性的东西。

3.2.3 可操作性原则

研究区耕地利用生态集约化指标评价体系需要的不仅是一套评价体系，更重要的是要通过它来分析研究区耕地利用生态集约化水平。因此，选取的指标在遵从科学性、全面性、不重叠、代表性的基础上，应便于操作。

3.3 测度方法

本书选取了数据包络分析方法（data envelopment analysis，DEA）对耕地利用生态集约化水平进行测度。

3.3.1 DEA 模型

在 DEA 方法中，最为传统经典的模型是 CCR 模型，它是用来计算综合技术效率的。具体表达式如下：

$$\min \alpha$$

$$\text{s. t. } \sum_{i=1}^{n} \lambda_i X_i \leq \alpha X_k$$

$$\sum_{i=1}^{n} \lambda_i Y_i \geq Y_k \tag{3.1}$$

$$\lambda_i \geq 0, i = 1, 2, \ldots, n$$

式（3.1）中，λ代表对偶变量；α代表各决策单元的综合技术效率值（TE），即耕地实际产出与可能最大产出的比值，n代表样本数量，X代表输入量，Y代表输出量。本书使用的是CCR模型来测度耕地利用生态集约化水平。

通过CCR模型计算得到综合技术效率及投入、产出松弛变量（S^+、S^-）。DEA方法的优点是不用事先设定函数形式，也不用考虑决策单元的价格问题，可以使用多个投入和多个产出指标对决策单元进行投入产出分析。具体到耕地利用生态集约化，本书研究认为耕地利用生态集约化是一项多投入、多产出的生产系统。因此，在评价时，应当充分考虑将耕地利用的产出与投入相比较，将每个研究单元的耕地利用生态集约化的投入产出要素作为一个决策单元（0，1），若决策单元的效率值为1，则认为其落在生产最佳前沿面上，属于DEA有效；否则，是无效的。而对于无效率的，投入、产出松弛变量将不全为0，表明投入还能减少的量或产出还能增加的量，亦即对耕地非生态集约化提出改进方向和措施。

3.3.2　DEA方法用于耕地利用生态集约化的优点及局限性

DEA方法用于耕地利用生态集约化的优点：一是适用于多输出—多输入的有效性综合评价问题，在处理多输出—多输入的有效性评价方面具有绝对优势；二是DEA方法并不直接对数据进行综合，因此决策单元的最优效率指标与投入指标值及产出指标值的量纲选取无关，应用DEA方法建立模型，无须事先对数据进行无量纲化处理（也可进行量纲的统一）；三是无须任何权重假设，而以决策单元输入输出的实际数据求得最优权重，排除了很多主观因素，具有很强的客观性；四是DEA方法假定每个输入都关联到一个或者多个输出，且输入输出之间确实存在某种联系，但不必确定这种关系的显式表达式。

虽然数据包络分析法有许多良好的评估特性，但本书在采用DEA方法进行衡量效率时，仍会有某些限制，因此还需特别注意几点。（1）因为DEA属于非参数法，所以不容许随机误差的存在，任何的误差、干扰项与外来因素均会影响评估效果，甚至是效率边缘线。因此，相关DMU

的数据资料必须相当精确,否则求出的效率边缘线可能产生偏误,导致所衡量的效率值失去意义。(2)一个被选定作为衡量效率值的重要投入项和产出项,会影响到评估的结果,因此在选定投入项与产出项时,应慎重挑选关键因素。(3)DEA 的评估结果受到各 DMU 的同质性程度的影响,当各 DMU 的同质性越高时,所评估的结果越具有解释能力。(4)DEA 模型的输入输出数据不能为负数,否则会影响求解结果。

3.4 投入产出测度指标的选取

伊奥尔戈斯·加达纳基斯等(Yiorgos Gadanakis et al.,2015)给出了目前考虑因素最多、最全面的一个耕地利用生态集约化测度的投入、产出指标体系,他们选取了耕地面积、化肥成本、农药成本、粮食保护成本、水成本、机械燃油成本、能源成本作为投入指标,单位面积农场毛收益作为产出指标。国外还有很多关于这方面的文章,他们的输入、输出指标如表 3-1 所示。

表 3-1 国外基于 DEA 法测度农业生态集约化的研究

年份	作者	测度方法	DEA 模型	输入指标	输出指标	样本
2002	德·科伊耶尔等(De Koeijer et al.)	效率代替生态集约化	输入型	N 肥、除草剂	单位面积收益	1994~1997 年荷兰的甜菜农场(分别对应 111 个、116 个、119 个、121 个农场)
2009	德海斯等(D'Haese et al.)	效率代替生态集约化	输入型	土地面积、资本、劳动力、母牛数、农场债务、饲料支出、动物健康支出、动物体检费用	牛奶总产量	2000 年法国留尼汪岛的 34 个奶牛农场
2011	皮卡佐·塔德奥等(Picazo-Tadeo et al.)	生态效率代替生态集约化	输入型	农场专业化水平、投入的 N 与排放的 N 的比例、投入的 P 与排放的 P 的比例、单位面积投入的农药、投入与产出能量之比	单位面积经济增加值	西班牙瓦伦西亚的 171 个雨养农场

续表

年份	作者	测度方法	DEA模型	输入指标	输出指标	样本
2012	皮卡佐·塔德奥等（Picazo-Tadeo et al.）	生态效率代替生态集约化	输入型	单位面积农药、投入与产出能量之比、投入与排入的 N 比例、	单位面积净收入	2010 年西班牙南部的安达卢西亚地区 45 个橄榄农场
2012	戈麦斯·利蒙等（Gomez-Limon et al.）	生态效率代替生态集约化	输入型	亩均农药、亩均用水、亩均化肥与氮流失比率、投入产出能量比、年土壤侵蚀量、生物多样性	单位面积净收入	澳大利亚 292 个橄榄农场
2013	巴克利和卡尼（Buckley & Carney）	生态效率代替生态集约化	输入型	N 肥、P 肥、劳动力、其他投入成本	每公顷总产值	爱尔兰 225 个乳制品农场与 80 个耕地农场
2015	伊奥尔戈斯·加达纳基斯等（Yiorgos Gadanakis et al.）	生态效率代替生态集约化	输入型	化肥成本、农药成本、粮食保护成本、水成本、机械燃油成本、能源成本	单位面积农场毛收益	英国 42 个农场
2022	刘源	生态效率代替生态集约化	超效率SBM模型	土地、能源、劳动、水资源、化肥、农药、薄膜、柴油	农业产值、耕地单产、气体废物、固体废物、废水	2000～2019 年辽宁省

根据表 3－1 及本书区域的特点，并咨询相关专业领域的专家和学者，笔者设计了以下耕地利用生态集约化的投入、产出指标。

3.4.1 投入指标的选取

本书选取单位面积耕地化肥、农药、农地膜、劳动力和农用机械动力投入量作为投入指标。农业生产中过量施用化肥会导致土壤板结、结构变差、综合肥力下降。长期过量施肥会增加土壤中速效磷和速效钾累积量，淋失风险增加，大量元素和微量元素的比例失调，化肥的效力不能正常发挥。化肥施用将造成土壤酸化，使耕地土壤退化，生产力降低，导致有毒物质的释放，使之毒性增强，进一步对土壤生物造成危害，导致耕地的生产能力下降，导致农产品产量与品质下降，优质耕地的比例逐年降低。化肥长期施用会造成土壤中重金属元素富集，经过食物链在生物体内富集。中国每年农药、杀虫剂使用量仅有 30% 左右被农作物吸收，剩余的大部分进入了水体、土壤及农产品中，使全国 933.3 万公顷耕地遭受了不同程度的污染[①]。农膜的毒性源于其化学特性，自然环境中很难降解，大量的残留会对耕地造成永久性污染，滞留在田间会造成土壤和地下水的污染，严重影响人类、牲畜的健康和农作物的生长。由于大量使用化肥、农药和地膜而产生的农业污染，还会破坏土壤正常结构，土壤的生物进程被破坏，使土壤肥力下降，进一步威胁食品安全，最终威胁到人类的生存。随着工业化和城镇化进程的加快，以及农业机会成本的上升，农业劳动力大量向城市转移，使得农业生产主要以老人、妇女为主，青壮年一般只有在过年过节或农忙季节回家，这对耕地利用生态集约化构成了威胁。而随着国家农业政策的普遍实施，尤其是自 2004年《中共中央国务院关于促进农民增加收入若干政策的意见》明确指出"提高农业机械化水平，对农民个人、农场职工、农机专业户和直接从事农业生产的农机服务组织购置和更新大型农机具给予一定补贴"以来，农机具购置补贴政策就作为一项重要的惠农政策得到贯彻实施[②]。近年来，补贴资金不断加大，补贴范围不断扩大，补贴农机具的目录不断增多（刘念，2023；高鸣，2017；谢花林，2012）。农机购置补贴政策的出台有效促进了江西省农业机械装备水平的提高（颜玄洲，2011，2015）。

3.4.2　产出指标的选取

参考国内外其他学者研究和本书研究的特点，产出指标选取单位面

---

① 方炎，陈洁. 农业污染的形势及应对 [J]. 红旗文稿，2005（15）：25 - 28.
② 中共中央国务院关于促进农民增加收入若干政策的意见 [EB/OL]. 中华人民共和国中央人民政府网，2003 - 12 - 31.

积产出量来衡量。

本书采用 DEAP 2.1 软件对 DEA 模型数据进行处理。投入产出指标具体如表 3 - 2 所示。

表 3 - 2　　　　　　　　耕地利用生态集约化测度指标体系

类别	指标名称	定义	备注
投入指标	单位面积化肥	单位耕地面积化肥用量（吨/公顷）	是其折纯量
	单位面积农药	单位耕地面积农药用量（千克/公顷）	反映其耕地农药投入情况
	单位面积农地膜	单位耕地面积农地膜用量（千克/公顷）	反映其耕地农地膜投入情况
	单位面积劳动力	单位耕地面积劳动力用量（人/公顷）	反映劳动力投入情况（以每人每天工作 8 小时计）
	单位面积机械	单位耕地面积机械用量（千瓦/公顷）	反映农用动力投入情况
产出指标	单位面积产量	单位耕地面积产出（吨/公顷）	以产量计

注：第 5 章中，由于农地膜数据难以获取，投入指标中剔除了农地膜要素，且所有投入、产出要素的单位为元/亩。表中数据均以"年"计。

第4章

区域尺度上江西省耕地利用生态集约化水平的时空差异及其影响因素研究

4.1 引　言

第3章构建了江西省耕地利用生态集约化的测度体系，那么江西省耕地利用生态集约化水平如何？是生态集约化还是非生态集约化？生态集约化的整体状况如何？在时序上如何表现，有什么差异？在空间上如何表现，又有什么差异？便迎刃而解。但造成这种表现和差异的原因是什么？马克思认为在探究任何事物发生发展的原因时，要从宏观和微观视角去寻找，并且首先要从宏观上把握大方向，只有找到了宏观上的原因，才能进一步深入地去剖析宏观经济、社会、制度下的微观主体的内在原因，继而揭示事物发生发展的驱动机制。因此，本书在探寻江西省耕地利用生态集约化的影响因素时，要先从宏观经济、社会、制度上去寻找和探索。

关于耕地利用生态集约化影响因素的现有研究，大多是从微观视角进行分析，而本书试图寻找它的宏观经济、社会和制度影响因素，可以在一定程度上弥补耕地利用生态集约化的不足。

国内外有较多的学者对相关领域的宏观影响因素进行了研究，并得到了大量的理论和实践成果。一是耕地利用集约化的影响因素。如李兆亮（2014）使用宏观数据，选取城镇化率、人均耕地面积、农业收入占纯收入的比重、农业政策和人均 GDP 作为影响因素，对中国耕地利用集约化的时空差异和影响因素进行了研究，得出最显著的影响因素首先是城镇化率，其次根据影响程度从高到低依次是人均耕地面积、农业收入占纯收入的比重、农业政策和人均 GDP；谢花林（Hualin Xie，2014）使用宏观统计数据，选取人口非农化、产业非农化、人均耕地面积和农业政策作为影响因素，对中国耕地利用集约化进行了研究，得出以上 4 个因素均对中国耕地利用集约化产生了显著正向影响；姚冠荣和刘桂英（2014）选取了同样的变量对中国耕地利用集约化进行了研究；谢花林和刘桂英（2015）使用宏观统计数据，并选取家庭经营纯收入、人口非农化、产业非农化、人均耕地面积和农业政策作为影响因素，对中国耕地复种指数的时空差异与影响因素进行了探析，得出除人口非农化对耕地利用复种指数产生显著负向作用外，其余 4 个因素均对中国耕地利用复种指数产生显著正向影响；易军（2010）使用宏观数据，以社会经济因素（包括农民纯收入、总人口和化肥投入指数）、耕作资源及政策制度因素（包括灌溉指数、耕地面积、政策和复种指数）、自然因素（成灾面积）作为影响因素，基于 PSR 框架对江西省耕地利用集约化影响因素进行了分析，得出农民纯收入、政策和成灾面积对其影响最为显著；王国刚（2014）使用宏观数据，选取化肥、机械、农药、劳动力、地均农业支出、复种指数和相对撂荒指数对中国省域耕地集约利用驱动力进行了分析，首先得出化肥、机械、农药等省工性投入因子是耕地利用集约程度最为集中的反映，其次是劳动力和资本投入因子、利用强度因子和耕地转换因子；杜国明（2013）认为黑龙江省耕地集约利用水平空间差异的主要原因是耕地资源的自然地理状况、当地社会经济状况和区位状况等。二是耕地利用效率/生态效率相关领域的影响因素。如谢花林（2016）使用宏观数据，选取耕地复种指数、农业政策、乡村人口占总人口比重、单位耕地面积拥有农业机械总动力和农民人均纯收入作为影响因素，对鄱阳湖生态经济区耕地利用效率时空差异及其影响因素进行了分析，得出各因素对耕地利用效率的影响随选取的宏观数据顺序逐渐降低；向云波（2015）认为，自然环境、社会经济发展水平、农业基础条件和区位条件是湖南省耕地利用绩效空间分异的主要影响因素；庞家幸（2013）选取农民人均纯收入、农业固定资产投资、种植结构、农民人均耕地、劳动力文化水平、产业结构、城乡收入比、有效灌溉面积和总人口作为影响因素，对我国农业生态效率进行了研究，得出农民人均耕地、城乡收入差距和人口规模对我国农业生态效率产生显著负向影响，其他5项均对其产生显著正向影响。刘源（2022）选取五大类指标9个具体指标作为影响辽宁省耕地利用可持续集约化水平的因子。包括：（1）自然条件中的耕地受灾率、年均降雨量；（2）农户属性中的农村劳动力高中及以上文化水平比例、农村居民消费价格指数、农业收入占农村常住居民人均可支配收入比例和农村劳动力转移量；（3）机械化中机耕面积占耕地总面积比例；（4）政府投资中的政府农林水支出；（5）种植结构中的粮食作物面积与非粮食作物面积之比。最后得出：耕地单产和灌溉废水量对可持续集约度的影响较大，增加人力、物力等要素投入会在较长时间内对可持续集约度有显著地提升作用。农村劳动力高中及以上文化水平、种植结构及农业收入占农村常住居民人均可支配收入比例对耕地利用的可持续集约度有显著正向影响，耕地受灾率有显著负向影响。

因此，笔者借鉴前人对相关领域影响因素的研究，选取了人口非农化、产业非农化、人均经营纯收入、复种指数、人均经营耕地面积和农业政策作为影响因素，对江西省耕地利用生态集约化进行探索，试图从宏观上探寻影响耕地利用生态集约化的驱动机制，从而为政府宏观调控提供参考依据。因此，本章首先对江西省耕地1998～2010年的生态集约化水平进行了测度，并深入分析区域尺度上的江西省耕地利用生态集约化的时空差异，其次探寻江西省耕地利用生态集约化的影响因素。

4.2 数据来源

本部分所用的数据有两个来源，一部分数据来源于《江西统计年鉴》，另一部分数据来源于江西省各县市的统计年鉴，如《南昌统计年鉴》《赣州统计年鉴》等，包括农村居民家庭人均纯收入，第二、第三产业比重，非农业人口比重，第二、第三产业就业人口比重数据，以及耕地面积、化肥、农药、农膜、农用柴油、农用机械总动力、劳动力数据。数据纵向覆盖1998~2010年（由于要获取江西省80个县（市）的资料，存在较多的县2010年之后的数据缺失，因此，为了统一起见，数据时间截至2010年），横向覆盖江西省80个县（市），设地级市的市辖区因数据不可得而未包括在研究范围之内。

4.3 区域尺度上耕地利用生态集约化 水平时空差异分析

4.3.1 测度模型

结合国内外文献综述及表3-1，本书以输入型的CCR模型作为耕地利用生态集约化的测度模型，表达式如下：

$$\min \alpha$$

$$s.\,t.\ \sum_{i=1}^{n} \lambda_i X_i \leqslant \alpha X_k$$

$$\sum_{i=1}^{n} \lambda_i Y_i \geqslant Y_k \tag{4.1}$$

$$\lambda_i \geqslant 0, i = 1, 2, \cdots, n$$

式（4.1）中，λ代表对偶变量；α代表各决策单元的综合技术效率值（TE），即耕地实际产出与可能最大产出的比值，n代表江西省80个县（市），X代表单位面积化肥、农药、农地膜、机械、劳动力投入量，Y代表单位面积产量。

4.3.2 样本选取

为了使实证结果具有统计意义，并且满足DEA样本足够大的要求，本部分选取 1998～2010 年江西省 80 个县（市）（由于要获取江西省 80 个县（市）的资料，存在较多的县 2010 年之后的数据缺失，因此，为了统一起见，数据时间截至 2010 年）的耕地利用情况作为研究对象。

4.3.3　结果与分析

4.3.3.1　投入产出数据描述性统计分析

对江西省 80 个县（市）1998～2010 年耕地投入产出进行描述性统计分析，其平均值和标准差如表 4－1 所示，化肥、农药、机械、产出变化趋势相差不大，在研究期内，平均值和标准差都呈现上升趋势，也即每公顷用量逐年递增，且地区差异越来越显著；农地膜单位面积用量的平均值也是逐年递增，而标准差从 2005 年开始出现逐年下降的趋势，即农地膜的地区差异在 2005 年之前是逐渐扩大的，之后具有收敛性。

表 4－1　　　江西省 80 个县（市）1998～2010 年耕地投入
产出平均值与标准差

年份	化肥 （吨/公顷）		农药 （千克/公顷）		农地膜 （千克/公顷）		劳动力 （人/公顷）		机械 （千瓦/公顷）		产出 （吨/公顷）	
	均值	标准差	均值	标准差	均值	标准差	均值	标准差	均值	标准差	均值	标准差
1998	0.48	0.17	21.11	13.88	6.04	6.01	5.08	1.91	3.38	1.38	7.14	2.16
1999	0.49	0.18	22.79	14.58	6.43	6.56	4.90	1.73	3.61	1.37	7.56	1.81
2000	0.48	0.18	22.98	15.90	6.47	5.58	4.56	1.63	3.92	1.62	7.20	1.65
2001	0.50	0.18	22.79	15.74	7.23	7.27	4.56	1.65	4.16	1.54	7.01	1.52
2002	0.52	0.18	24.46	17.48	9.55	11.93	4.87	1.60	4.87	1.77	7.24	1.52
2003	0.55	0.22	25.89	19.95	10.11	11.79	5.06	1.82	5.54	2.03	6.83	1.56
2004	0.60	0.26	32.51	25.85	11.85	14.27	5.01	1.70	6.63	2.55	8.68	1.91
2005	0.61	0.28	36.67	26.92	12.30	13.04	4.91	1.71	7.84	3.23	8.82	1.90
2006	0.62	0.29	35.95	27.15	12.52	13.31	4.72	1.67	10.36	3.40	8.88	1.88
2007	0.64	0.32	38.16	28.57	11.85	12.09	4.52	1.62	12.07	4.09	9.04	2.02
2008	0.64	0.32	42.96	31.86	12.30	12.17	4.38	1.53	14.17	4.64	9.28	2.07
2009	0.64	0.33	45.53	33.15	12.63	12.09	4.21	1.50	15.59	5.60	9.52	2.13
2010	0.66	0.36	47.15	42.98	13.64	12.03	4.16	1.57	17.60	6.49	9.44	2.10

4.3.3.2 区域时空差异分析

运用 DEAP 软件对数据进行处理，通过 DEA 分析，得出 80 个县（市）在研究期 1998～2010 年的耕地利用生态集约度，其结果如表 4 - 2 所示。

表 4 - 2　　　　江西省耕地利用生态集约化水平描述性统计分析

生态集约度范围	县（市）的数量	占比（%）	描述分析	
0～0.1	1	1.25	最小值	0.0006
0.1～0.2	0	0	中位数	0.9056
0.2～0.3	1	1.25	平均值	0.8234
0.3～0.4	1	1.25	最大值	1
0.4～0.5	2	2.50	县（市）总数	80
0.5～0.6	6	7.50		
0.6～0.7	4	5.00		
0.7～0.8	11	13.75		
0.8～0.9	11	13.75		
0.9～1.0	41	51.25		
1.0	2	2.50		

注：本表数据是通过模型，运用 DEAP 软件进行的数据处理。

（1）研究区耕地利用生态集约化水平描述性统计分析。

研究结果显示，1998～2010 年，江西省 80 个县（市）的耕地利用生态集约度情况如表 4 - 2 所示。耕地实现了生态集约化的县（市）只有 2 个，占比 2.5%，其他 78 个均非生态集约化，占比 97.5%。80 个县（市）中，生态集约度最大值是 1，最小值为 0.0006，中位数为 0.9056，平均值为 0.8234，在 80 个县（市）中，生态集约度主要集中于 0.9～1.0，占总数的 51.25%，其次集中于 0.7～0.8 和 0.8～0.9，分别占总数的 13.75% 和 13.75%。可加大对这些县（市）的改进，从而实现江西省整体生态集约化。

（2）江西省耕地利用生态集约化的时序特征。

如图 4 - 1 所示，1998～2010 年，江西省耕地利用生态集约化水平整体呈上升趋势，2010 年（0.837）比 1998 年（0.743）增长了 12.56%。13 年间江西省耕地利用生态集约度均值为 0.823，整体耕地利用生态集约度较大，发展潜力较好。江西省作为我国农业大省、粮食主产区，日照较充足，降水、热量资源丰富，由于农业开发历史悠久，经过长期耕作，土壤已存在不同程度熟化，经济肥力有较大提高，农户农业生产经验丰富，有利于减少各种农用化学品的投入，减少耕地环境污染，并提高产量，实现耕地利用生态集约化。为国家的粮食安全提供重要保障。

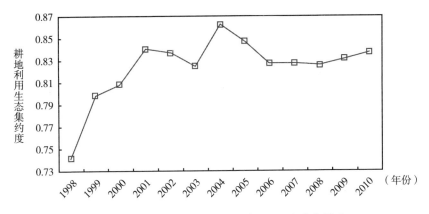

图4-1　1998~2010年江西省耕地利用生态集约度

江西省耕地利用生态集约度在2001年达到小高峰，峰值为0.839，原因主要是2003年的自然灾害严重影响了其当年的耕地利用生态集约化水平，使当年的生态集约度发生了下降。2002年耕地利用生态集约度为0.836，较2001年稍有下降，而在2003年为0.824，比前两年下降幅度较大。2003年受灾成灾面积较大，是继1992年、1993年粮食总产量水平最低的一年（黄颉，2012），农户虽然投入与往年相同的生产要素，农业产出却比往年大大下降，从而使耕地利用生态集约度较小。最终使2001年的出现小高峰。

由图4-1可以看出，耕地利用生态集约度在2004年达到最高峰，峰值为0.862。2004年是我国以《中共中央国务院关于促进农民增加收入若干政策的意见》的形式指导"三农"发展的第一年。江西省经济较不发达，农业收入占比较大，国家支农惠农政策的实施极大地激励了农户农业生产的积极性，原来撂荒的耕地重新投入农业生产，粗放利用的耕地被集约化生产，大大提高了耕地利用生态集约化水平。1998~2010年江西省耕地利用生态集约化呈现向右上升的"M"型波动趋势，经历了

"三起二落","三起"是指 1998～2001 年、2003～2004 年及 2008～2010 年,"二落"是指 2001～2003 年及 2004～2008 年。

(3) 区域空间差异分析。

如图 4－2 所示,从 1998～2010 年江西省耕地利用生态集约化均值可以看到,在江西省 80 个县(市)中,生态集约度由大到小的前 10 名分别是丰城市(生态集约度为 1)、鄱阳县(生态集约度为 1)、泰和县(生态集约度为 0.9941)、万年县(生态集约度为 0.9873)、高安市(生态集约度为 0.9856)、南昌县(生态集约度为 0.9790)、金溪县(生态集约度为 0.9769)、新建县(生态集约度为 0.9737)、吉安县(生态集约度为 0.9734)和崇仁县(生态集约度为 0.9734)。其中,10 个县中绝大部分地处平原湖泊区①,一是地势平坦,有利于开展现代化规模农业生产,减少各种农用化学品的投入的同时,产出较大,对耕地环境污染较小,二是农业水、土、热资源好,这两者推动了耕地利用生态集约化;吉安县

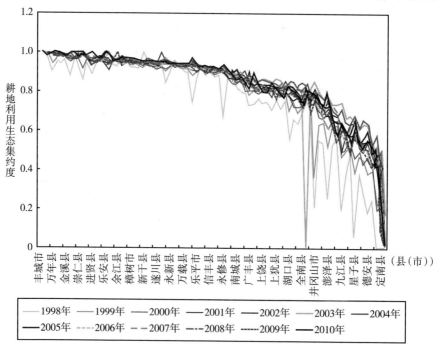

图 4－2　1998～2010 年江西省 80 个县(市)耕地利用生态集约化水平

①　根据 2006 年王晓鸿编著的科学出版社出版的《山江湖工程》对江西省的分区划分方法。

和崇仁县地处赣中丘陵盆地区，吉安县处于吉泰盆地，崇仁县处于崇仁河流域，农业条件较好，雨量充沛，光照充足，气候温暖湿润，人均资源占有量大，商品率高，是江西省粮食生产的重要基地（王晓鸿，2006），现代规模农业生产占主导地位，农业生产率高，耕地污染小，耕地利用生态集约化。

生态集约度最低的三个县是：广昌县（生态集约度为0.3925）、定南县（生态集约度为0.2343）和铜鼓县（生态集约度为0.0006）。广昌县由于1998年耕地利用生态集约度基数过小，除铜鼓县外，其余地区是其他县的几十甚至几百分之一，因此即便在之后的年份，尤其是近几年，增长较快，但最终呈现的总体耕地利用生态集约化水平不高；定南县和铜鼓县分别位于赣南和赣西山地丘陵区，以山地为主，地势较高，水土流失严重，经济发展水平相对落后（王晓鸿，2006）。其原因：一是耕地破碎，不利于现代化规模农业生产，投入较高，产出较小，不利于实现耕地利用生态集约化；二是水土流失严重，耕地贫瘠，往往需要投入较多的劳动力、化肥、农药等，对耕地环境产生负面影响，且产出不高，耕地利用较难实现生态集约化。

除丰城市和鄱阳县实现了生态集约化外，其他78个县（市）都表现出非生态集约化，这说明江西省耕地利用在整体上并没有实现生态集约化。

尽管江西省耕地利用生态集约化水平在近13年间的整体变化呈增长趋势，但对于不同的县（市）而言，由于受到自然和社会经济各种因素的影响，在不同时期耕地利用生态集约化水平及其变化差异明显，具体如图4-2和图4-3所示。

1998年，耕地利用生态集约化水平最低的是定南县，仅为0，然后从广昌县的0.0038一直增加到弋阳县、新干县、泰和县、鄱阳县和丰城市的1，最大值和最小值相差1，一个完全非生态集约化，一个完全实现了耕地利用生态集约化，两极分化严重。

2002年，耕地利用生态集约化水平最低的是铜鼓县，仅为0，然后从定南县的0.360一直增加到弋阳县、余干县、万年县、泰和县、鄱阳县和丰城市的1，最大值和最小值相差1，也是一个完全非生态集约化，一个完全实现了耕地利用生态集约化，两极分化严重。

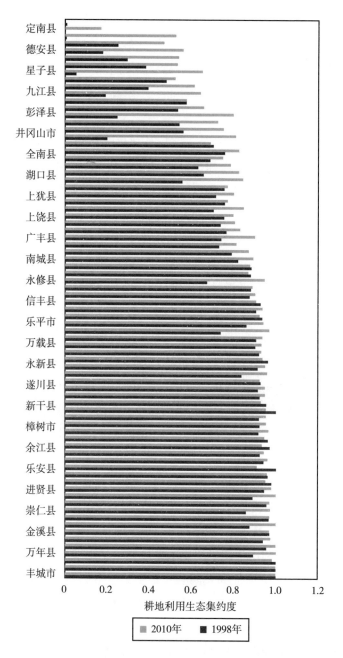

图 4 − 3　1998 年和 2010 年江西省县（市）耕地利用生态集约化变化

2006 年与 2002 年相同，耕地利用生态集约化水平最低的也是铜鼓县，其次是定南县，之后由定南县的 0.185 一直增加到弋阳县、进贤县、吉安县、新建县、南昌县、万年县、泰和县、鄱阳县和丰城市的1，最大值和最小值相差1，也是一个完全非生态集约化，另一个完全实现了耕地利用生态集约化，两极分化严重。

2010年与2002年、2006年相同，耕地利用生态集约化水平最低的依然是铜鼓县仅为0，其次是定南县（0.169），然后从定南县一直增加到进贤县、新建县、高安市、万年县、鄱阳县和丰城市的1，最大值和最小值相差1，也是一个耕地利用完全非生态集约化，另一个完全实现了耕地利用生态集约化，两极分化依然严重。

1998～2010年，近13年来，耕地利用生态集约化水平变化幅度最大的是广昌县，2010年与1998年相比增长了134倍，一是由于广昌县基年的耕地利用生态集约度非常小，仅为0.0038，只比铜鼓县高，而在其他所有县耕地利用生态集约度最小的定南县为0.149，是广昌县的39倍；二是广昌县是江西省著名的"白莲之乡"，水域发达，且白莲生产已经实现规模化经营，生产率高，且有较完整的产业链，销售情况较好，价格较理想，耕地利用生态集约化增长较快；三是广昌县水田面积较大，是耕地总面积的92%，耕地水、土、热条件较好，往往较小的投入可获得较高的产量，耕地污染小，耕地利用生态集约化增长较快。三者共同推动了广昌县耕地利用生态集约化水平的增长，且增长速度较快。

13年间，江西省只有新建县的耕地利用生态集约化水平逐年稳步上升，一是新建县地处平原湖泊区，地势平坦，耕地质量较好，投入少产出高，耕地利用生态集约化水平高；二是新建县属城郊，随着其经济的不断发展，农产品往往需求量大，且销售情况好，价格理想，再加上国家支农惠农政策的大力推行，有效促进了新建县农业生产效率；最终促使新建县耕地利用生态集约度逐年攀升；其余79个县（市）的耕地利用生态集约度变化趋势均呈波动变化，其中泰和县、吉安县、兴国县、乐安县、弋阳县、会昌县、于都县、新干县、瑞金市、东乡县、修水县、南康市、信丰县、赣县、玉山县、资溪县16个县（市）的耕地利用生态集约度呈波动下降趋势，其他63个县（市）的耕地利用生态集约度呈波动上升趋势。

4.4 江西省耕地利用生态集约化的影响因素分析

上一节从区域尺度上对江西省耕地利用生态集约化水平进行了测度，并对其时空差异进行了分析，揭示出江西省耕地普遍存在生态集约化水平低的状况，区域之间存在的差异，造成这些现象的原因。本章主要从区域尺度上揭示耕地利用生态集约化的影响因素。

4.4.1 计量模型

为了探寻江西省耕地利用投入要素生态集约化的影响因素，本节构建如下实证模型，如下所示：

$$Y_{it} = \alpha_{it} + \beta_1 \ln CSR_{it} + \beta_2 CYFNH_{it} + \beta_3 RKFNH_{it} + \beta_4 \ln FZZS_{it} + \beta_3 RJGD_{it}$$
$$+ \beta_3 NYZC_{it} + u_{it} \tag{4.2}$$

其中，$i(i=1,\cdots,80)$ 和 $t(t=1998,\cdots,2010)$ 分别表示第 i 个县和第 t 年，α_{it} 为常数项，u_{it} 为随机误差项，β_i 为弹性系数，表示在其他因素不变的条件下，某因子每变化 1%，导致耕地利用生态集约化变化 β% 。模型中各变量定义如下：

Y_{it}：耕地利用生态集约度，为解释变量。对 Y_{it} 取对数处理，取对数的目的是为了消除观测数据的异方差，这不会改变数据的原有性质。

$\ln CSR_{it}$：即农村居民家庭人均经营纯收入。为尽可能消除数据的异方差，对 CSR 取对数处理。农村居民家庭人均经营纯收入的增加来源主要有两个。一是务农收入。务农收入的增加，可调动农户农业生产的积极性，刺激农户增加农业资金、精力等的投入，增强农业生产要素的购买力，农户可能购买化肥来代替农家肥，或购买农药来代替人工除草等，增加了生产要素的投入，会对耕地环境产生负面影响，而扩大生产规模，实现农业现代化生产在一定程度上可促进耕地利用生态集约化。二是务工收入。若家庭收入增加主要来自务工，而务工工资的不断上涨，务农机会成本的上升促使农户粗放利用耕地或弃耕，对耕地利用生态集约化产生消极影响；这两者对耕地利用生态集约化的影响效果不确定。一般而言，农业生产积极性的变化会引起下一年农业投入的调整，因此，设置 $lnCSR_{it}$ 的时间滞后效应为 1 年。

$RKFNH_{it}$：即人口非农化比重。农村人口比例在经济发展中不断下降是城镇化过程的一个重要表现，因此本书选择非农业人口占总人口的比重来表征城镇率。人口非农化比重越大，城镇化率越高，劳动力资源越稀缺，务农机会成本越高，于是劳动力资源成为农业生产决策的最关键因素。

农业机会成本越高的农户非农收入越高，带来农户家庭对耕地的依赖性减弱（张晶渝，2019；陈瑜琦，2010；MacDonald，2000；Yamada，2007），在耕地利用的结果中有两种表现：一是随着农业机会成本的上升，农户倾向于选择劳动生产率高的土地利用类型，减少劳动力投入，同时减少对农业的资金投入，耕地粗放经营或撂荒（Gibon A.，2000；Gellrich M. et al.，2007；Strijker D.，2005；田玉军，2005；MacDonald，2000；Yamada，2007），耕地利用非生态集约化；二是伴随农业机会成本上升，劳动集约度迅速下降，资本集约度中增产性投入有所减少，省工性投入增加，农户通过增大机械投入来替代劳动力的现象明显，耕地利用中增产性投入的减少表现为劳动力机会成本较高的农户农作物单产水平相对较低（陈瑜琦，2010），机械是省工性投入要素，不能带来产量的增加，却会增加能源的消耗和环境的污染，在降低劳动力集约度的同时再减少增产性生产要素的投入将引起产出成倍的降低，耕地利用非生态集约化。因此人口非农化比重越大，耕地利用越非生态集约化。

$CYFNH_{it}$：即产业非农化比重。是指第二、第三产业生产总值与国民生产总值的比例。第二、第三产业的发展，一方面，需要大量的劳动力，农业劳动力大量转移至城镇，改革开放以来，我国大量农村剩余劳动力的转移增加了农民的收入，农业生产成本上升（马晓河，2023；蔡昉，2006；田玉军，2009），人口非农化比重对耕地利用生态集约化产生负作用解释同样可运用于此；另一方面，第二、第三产业的发展，大大地促进了农民收入的增长，可为其家庭农业生产注入大量的生产设备、资金等现代农业生产要素，设备的投入可大大解放劳动力，而资金的增加又可以提高农户农业生产要素的购买力，如化肥、农药等农用化学品，这将增加对耕地的污染程度。二者共同推动了耕地利用非生态集约化。

$lnFZZS_{it}$：即耕地复种指数。为尽可能消除数据的异方差，对复种指数 FZZS 取对数处理。复种指数越大的耕地一般是其各方面条件较好的土地，如耕地肥沃、耕作半径越小、面积较大、水利灌溉条件较好、农业生产运输较便利，对这样的耕地，农户往往注意保护其环境，并想方设法提高耕地质量。由于复种水平高，各方面自然条件较好，对这些耕地农户往往实施大规模现代机械化生产，且这样的农户往往农业技术水平较高，因此投入的各种外部生产要素较少，耕地环境较好，产出更高，耕地利用生态集约化水平越高。

$lnRJGD_{it}$：即农民人均经营耕地面积。为尽可能消除数据的异方差，对人均经营耕地面积 RJGD 取对数处理。人均经营耕地面积越大，土地资源越丰富，而土地资源越丰富、质量越好，农户越偏向农业生产，而放弃外出务工（李升发，2018；田玉军，2005），这些农户往往以务农收入为主，追求以最低的生产成本获得最大收益，他们往往除了自有耕地外，还会租入耕地，以实施机械化规模生产，并常常聘请农业专业技术人员指导，实施精准施肥、施药，可大大节省生产要素投入，减少耕地污染，并且获得较高的产量，最终实现耕地利用生态集约化。

$NYZC_{it}$：在江西省，农业政策对农业发展影响显著。2004～2023 年，我国连续二十年以"中央一号文件"的形式指导"三农"发展，支农惠农力度不断加大，有力地提高了农业综合生产能力，如农机购置补贴、粮食直补、农资综合补贴。

江西省经济不发达，农业政策可有力地激励种粮积极性。一是农机购置补贴可改善农业装备结构、提高农机化水平、增强农业综合生产能力、有力地发展现代农业，解放劳动力，有利于解决由于农村劳动力不足引起的耕地粗放利用和撂荒，有利于耕地利用生态集约化；二是粮食直补促进了粮食生产、保护粮食综合生产能力、调动了农民种粮积极性和增加了农民收入，减轻了耕地粗放利用或撂荒，促进了耕地利用生态集约化；三是农资综合补贴及前述两项补贴保证了农民种粮收益的相对稳定，为农户持续性地农业生产提供了保证。国家出台的这些支农惠农政策，刺激了大量的农业劳动能手大规模租入耕地进行规模化生产的积极性，之前频频报道的耕地撂荒现象，近年来已未见报道，很大原因就是耕地的流转。随着耕地的流转，规模化农业生产已成为现实，在江西省，耕地生产还处于规模报酬递增阶段，较少的投入可获得较高的收益，耕地利用生态集约化。因此，在进行回归分析时，将2004年之前的年份赋值为0，包括2004年在内的之后年份赋值为1。

4.4.2　结果分析

本部分运用 EViews 6.0 软件，通过公式（4.2），以 1998~2010 年 80 个县（市）的面板数据为样本进行回归分析。首先对模型的设定进行 F 检验，检验结果支持选择变截距模型；其次使用 Hausman 检验判断选择固定效应还是随机效应模型，结果表明，模型支持固定效应模型；最后利用虚拟变量最小二乘法（LSDV）进行固定效应模型估计。因为面板数据为短面板，故没有考虑单位根检验和协整问题。表 4-3 反映的是各解释变量对江西省 80 个县（市）耕地利用生态集约化的影响程度。

表 4-3　　　　　　　　　　　面板数据回归结果

变量	系数	标准差	T 统计量	P 值
C	-1.362400	0.229917	-5.925626	0.0000
lnCSR	0.035549	0.026943	1.319424	0.1873
RKFNH	-0.759135	0.236536	-3.209379	0.0014
CYFNH	-0.919020	0.205812	-4.465339	0.0000
lnFZZS	0.212008	0.112840	1.878827	0.0606
lnRJGD	0.600008	0.126015	4.761422	0.0000
NYZC	0.233890	0.031849	7.343783	0.0000
R^2	0.892816			
Ajust R^2	0.883266			
P 值（F statistics）	0.000000			
Durbin-Watson statistics	1.076401			
P 值（Hausman test）	0.000000			

注：lnCSR：农村家庭人均经营纯收入；RKFNH：人口非农化；CYFNH：产业非农化；NYZC：农业政策；lnRJJYGD：人均经营耕地面积。

4.4.2.1　人口非农化比重对耕地利用生态集约化的影响

从表4－3可以看出，人口非农化比重对耕地利用生态集约化的影响显著为负，这表明人口非农化比重对生态集约化产生负向作用。在不考虑其他因素变动的条件下，人口非农化比重每增加1%，生态集约度将下降75.91%。这表明，随着城市化水平不断上升，农业人口非农化比重加大，而耕地利用生态集约度下降。在城市—乡村二元结构中，农业生产主体过快老弱化对耕地利用生态集约化产生不良影响。老弱化人群，知识文化水平一般较低，不利于实现耕地利用技术的推广，往往是粗放的耕地经营方式，导致耕地投入过大，产出过小；身体素质较弱，没有更多的精力思考如何提高单位面积的收益，没有更多的体力去从事农业劳动，为了获得与其他农户同样的单位面积产出，不得不加大对耕地化肥、农药的投入（如劳动力充足的家庭会使用人工除草，而老弱农户则会选择喷施除草剂），从而降低耕地利用生态集约化水平。

4.4.2.2　产业非农化比重对耕地利用生态集约化的影响

表4－3表明产业非农化比重对耕地利用生态集约化产生了显著的负向作用。在不考虑其他因素变动的条件下，产业非农化比重每增加1%，生态集约度将下降91.90%。第二、第三产业比重的增加，为耕地利用带来大量资本、技术、生产装备等先进生产要素，农业生产可投入要素大大增加，如化肥、农药、农膜、机械设备等，在产出不变的情况下，大大增加了耕地利用中的环境压力，从而导致耕地生态集约化水平下降。

4.4.2.3　农业政策对耕地利用生态集约化的影响

表4－3显示我国农业政策对耕地利用生态集约化产生显著正向作用。江西省从2004年开始连续二十年以"中央一号文件"的形式指导"三农"发展，江西省农业综合生产能力不断上升，这与本书的结论相互佐证。可见，在江西省，农业政策的实施有利于提高农民农业生产的积极性，农民会将更多的精力投入农业生产中，研究先进的生产技术（如精准施肥、打药等），扩大播种面积（有利于实施规模化经营，从而节约

对单位耕地的投入要素的投入）。因此，农业政策的实施在减轻对环境的负作用的同时，提高了单位面积的收入。最终，提高耕地利用生态集约化，对保障粮食安全有着极其重要的作用。

4.4.2.4　复种指数对耕地利用生态集约化的影响

在10%的显著性水平下，江西省耕地复种指数对生态集约化产生正向作用，这表明较高的复种水平将降低环境压力，提高单位面积产出，从而对提高耕地利用生态集约化水平有积极影响。农村居民是耕地利用的主体，复种指数水平直接关系着农村居民对耕地的利用能力，随着复种指数的提高，农村居民会将更多的精力、技术和资金投入提高耕地质量中来，如在休时期，对耕地投入诸如红花籽等增加耕地肥力、降低化学物质对耕地的破坏的物质，在施肥中，尽量使用对耕地有利的农家肥、有机肥，而少施化肥，从而减少农作物害虫，进一步减少农药的施用。在降低环境压力的同时，也能因质量的提升而增加单位面积的产出，最终实现耕地利用生态集约化。

4.4.2.5　人均经营耕地面积对耕地利用生态集约化的影响

农村居民家庭人均经营耕地的估计系数显著为正，表明农村居民家庭人均经营耕地对耕地利用生态集约化产生正向影响，说明目前中国总体处于耕地利用生态集约化随农村居民家庭人均经营耕地面积同方向增长的阶段。一方面，农村居民家庭人均经营耕地越多，越有利于实现对耕地的规模经营，农户将更愿意实施降低成本、提高农业技术的农作方式。例如，机械耕作（可大大节省劳动力），聘请专业的农业技术人员指导进行施肥打药等（可大大提高化肥、农药的使用效率，也降低了它们对耕地和环境的破坏，同时也降低了成本）。另一方面，提高了单位面积的收益，最终有利于耕地利用生态集约化的实现。

4.5　结　　论

本章首先使用 DEA 方法对江西省 1998～2010 年 80 个县（市）耕地

利用生态集约化水平进行了测度；其次使用江西省面板数据，用随机效应模型、固定效应模型等检验了影响因素与耕地利用生态集约化的关系。结果表明：

第一，就耕地利用生态集约化水平时序特征来说，1998～2010年，江西省耕地利用生态集约化程度，整体呈上升趋势，在2001年达到小高峰，峰值为0.840，在2004年达到最高峰，峰值为0.862，呈现向右上升的"M"型波动趋势，经历了"三起二落"，"三起"是指1998～2001年，2003～2004年及2008～2010年，"二落"是指2001～2003年及2004～2008年。

第二，就耕地利用生态集约化水平的空间差异来说：（1）在江西省80个县（市）中，生态集约度由大到小的前10名分别是丰城市、鄱阳县、泰和县、万年县、高安市、南昌县、金溪县、新建县、吉安县和崇仁县。耕地利用生态集约度最低的三个县是：广昌县、定南县和铜鼓县。除丰城市和鄱阳县实现了耕地利用生态集约化外，其他78个县（市）都没有实现耕地利用生态集约化，这说明江西省耕地利用在整体上并没有实现生态集约化。（2）1998～2010年，铜鼓县耕地利用生态集约度的平均值最小，为0.0006，丰城市和鄱阳县均值最大，且每年都为1，变化幅度最小，每年都实现了耕地利用生态集约化。耕地利用生态集约化变化幅度最大的是广昌县，2010年是1998年的134倍。（3）13年间，江西省只有新建县的耕地利用生态集约化水平逐年稳步上升，其余79个县（市）的耕地利用生态集约度变化趋势均呈波动变化，其中泰和县、吉安县、兴国县、乐安县、弋阳县、会昌县、于都县、新干县、瑞金市、东乡县、修水县、南康市、信丰县、赣县、玉山县、资溪县16个县（市）的耕地利用生态集约度呈波动下降趋势，其他63个县（市）的耕地利用生态集约度呈波动上升趋势。

第三，人口非农化比重对耕地利用生态集约化产生了显著负向影响，可归因于农民工工资上涨导致的农业劳动力资源短缺（从而使耕地利用粗放，增加对耕地物质要素的投入，来替代劳动力的减少，从而增大环境压力）及农业生产中劳动成本增加（伴随收益降低），这两者共同作用推动了耕地利用生态集约化的下降，这也是农户个体利益最大化的决策结果。产业非农化比重对耕地利用生态集约化产生了显著负向影响，可归因于第二、第三产业比重的增加，为耕地利用带来大量资本、技术、生产装备等先进生产要素，农业生产可投入要素大大增加，如化肥、农药、农膜、机械设备等，在产出不变的情况下，大大增加了耕地利用中的环境压力，从而导致耕地生态集约化下降。农业政策、复种指数和人均经营耕地面积对耕地利用生态集约化产生了显著正向影响。农业政策的实施，使江西省农业综合生产能力不断上升，有利于提高农民农业生产的积极性，包括将更多的精力投入农业生产中，研究先进的生产技术（如精准施肥、打药等），扩大播种面积（有利于实施规模化经营，从而节约对单位耕地的投入要素的投入）。这些举措可以减轻对环境的负面影响，提高单位面积的产量，最终提高耕地利用生态集约化水平。随着复种指数的提高，农村居民会将更多的精力、技术和资金投入提高到耕地质量中来，如在休耕时期，对耕地投入诸如红花籽等增加耕地肥力、降低化学物质对耕地的破坏；在施肥中，尽量使用对耕地有利的农家肥、有机肥，而少施无机肥，从而减少农作物害虫，进一步减少农药的施用。在降低环境压力的同时，也能因质量的提升增加单位面积的产出，最终实现耕地利用生态集约化。农村居民家庭人均经营耕地越多，农户将更愿意实施降低成本、提高农业技术的农作方式，如机械耕作（可大大节省劳动力）、聘请专业的农业技术人员指导进行施肥打药（可大大提高化肥、农药的使用效率，也降低了它们对耕地和环境的破坏，同时也降低了成本）等，这些方式也相应提高了单位面积的收益，最终有利于实现耕地利用生态集约化。

第 **5** 章

农户尺度上江西省耕地利用 生态集约化水平的类型差异 及其影响因素研究

5.1 引　　言

　　第 4 章从区域尺度揭示了江西省耕地利用生态集约化的宏观影响因素。宏观影响因素是指从整个经济层面上对区域产生各种各样影响的因素，如果说宏观影响因素是影响耕地利用生态集约化的外因，那么影响耕地利用生态集约化的微观因素就是它的内因，耕地利用在微观尺度上是一种农户行为（许艳，2022；朱会义，2007），在耕地上直接进行生产的农户是决定耕地利用生态集约化水平的内因，是起决定性作用的关键因素。在耕地利用中，农户行为一般会对耕地的利用方式产生深刻影响，耕地利用方式进一步对耕地利用效率和环境产生影响，最终对耕地利用生态集约化产生影响，它是决定耕地利用生态集约化的主导因素。

　　推进耕地利用生态集约化需要相应的政策措施，政策选择的重点是引导农户的农业生产决策和行为向生态集约化方向发展（Garnett T.，2013），现有的理论框架和研究主要关注区域尺度的因素，而忽略了局域和农户尺度的因素，难以有效指导政策决策（许艳，2022；朱会义，2007），因此，理解农户生态集约化的影响因素，特别是其限制因素，是制定相关政策的关键（Albajes R.，2013）。

农户行为如何影响耕地利用方式，是选择种植粮食作物，还是经济作物，抑或是出租、撂荒；是大规模经营，赚取最大利润，还是小规模种植以满足自家需求；是集约利用，还是粗放利用。而耕地集约或粗放利用的本质是资源替代（杜国明，2022；李秀彬，2008），如增产性生产资料化肥、农地膜代替传统的生产要素，省工性生产资料农药、机械等代替劳动力（刘卫柏，2022；陈瑜琦，2010）。史蒂科尔（Strijker，2005）和斯坦皮尼（Stampini，2009）等的研究表明，农户通过增加肥料、农药、雇佣劳动力替代由于劳动力转移而减少的劳动力投入，在中国城镇化快速推进中，大量劳动力转向城镇，必将大幅度增加肥料、农药的投入，增产性、省工性要素代替劳动力要素，在产出不变的情况下，除劳动力外，其他要素必然增长，而这必将对耕地利用生态集约化造成深远影响。农户耕地利用的行为主体，即在耕地利用时，个体特征、家庭生产经营条件、耕地状况、农业技术掌握情况、环境保护意识的强弱、对国家相关政策法规的了解都将影响其耕地利用生产决策，农户先做出有利于个体目标的决策，然后在农业生产中进行实践，其结果是产生了不同的耕地利用方式，继而对环境造成不同的影响，最终影响耕地利用是否生态集约化。因此，探究农户生产决策与行为的影响因素，是研究耕地利用生态集约化影响因素的关键。

国外一些学者对此问题已经进行了研究，但现有研究也不多。皮卡佐·塔德奥等（Picazo-Tadeo et al.，2011）选取西班牙瓦伦西亚的 171 个雨养农场为研究对象，并以耕地利用生态集约化（用"耕地生态效率"代替耕地利用生态集约化）为因变量，以农户的年龄、农场面积、农场农业收入占比、花在农业环境上的支出、农户文化教育水平、接受农业培训的程度（基础、中等、高等）作为影响因素，运用截断回归模型研究它们之间的关系。得出以下 3 个结论：一是生态效率很难用传统的社会结构特征来解释，农户的年龄、收入、农场规模无法验证假设条件，可能是在研究的案例中，生态效率与农户的心理特征关系更密切，而心理特征难以量化，抑或与文中没有给出的其他的生产特征有关；二是农户的文化程度越高，生态效率越高；三是农业环境的进步（如亲环境技术的实施）推动了农业生态效率，它成为减少农业部门环境负影响的有效手段。伊奥尔戈斯·加达纳基斯等（Yiorgos Gadanakis et al.，2015）使用计量经济学方法，选择农户年龄、农场规模、受过基础教育农户数、受过高等教育农户数、农户农业生产经验、是否加入农业环境组织、农业环境付费、农业环境成本、对农业生态集约化的态度作为研究农业生态集约化的影响因素，研究得出：中等规模的农场、农业环境需付费越高、农户的年龄越大、受教育水平越高，越有利于实现农场生态集约化，而农业环境成本和是否加入农业环境组织对农场生态集约化影响不显著。菲尔班克等（L. G. Firbank et al.，2013）的研究结果显示，英国的一些农场实现了生态集约化，而它的驱动力主要是金融方面的，如农业投入成本。刘源（2022）的研究结果表明：2000～2019年，耕地利用的可持续集约度波动特征明显，整体略有增加；规模效率相较于纯技术效率对可持续集约度的影响更显著，规模效益也一直处于递增状态，增加人力、物力等要素投入会在较长时间内对可持续集约度有显著地提升作用；农村劳动力高中及以上文化水平、种植结构及农业收入占农村常住居民人均可支配收入比例对耕地利用的可持续集约度有显著正向影响，耕地受灾率有显著负向影响。而不同类型的农场生态集约化的影响有所不同。因此，本书将在前人研究的基础上，除选取一些基本的农户个人特征、家庭经营条件、市场条件和收入作为影响因素之外，特别地选取笔者获得的大量一手农户调研数据——对耕地利用生态集约化所持的观点和态度，作为影响因素，深入剖析江西省耕地利用生态集约化的微观农户影响因素，试图探索江西省耕地利用生态集约化的驱动机制。

因此，本章的研究目的主要是从农户尺度上揭示江西省耕地利用生态集约化的驱动力。本书利用笔者及学生在2021年暑期为期2个月对农户的调研数据，首先利用生态集约化的测度方法，对微观农户尺度的江西省耕地利用生态集约化进行了测度；其次将耕地种植作物分为粮食和经济作物，并将农户分成纯农户、兼业户和非农户，对其类型差异进行了详细分析；最后从农户尺度上对耕地利用生态集约化的影响因素进行深入探究。

5.2 数据与方法

5.2.1 问卷设计

调查问卷主要涉及江西省农户生活和生产情况，问卷的主要内容包括：（1）农户家庭基本情况（家庭人口、年龄、受教育程度、就业情况等）；（2）农户耕地资源状况（家庭承包耕地面积、块数、作物安排、耕地流转和撂荒等）；（3）2014年农户家庭经营收支状况；（4）近三年来耕地利用状况；（5）农户对耕地利用中化肥使用的态度和所持的观点；（6）农户对耕地利用中农药的使用态度和所持的观点；（7）农户对耕地面源污染所持的观点以及耕地面源污染对农村环境影响的态度。调查对象为户主，家庭其他成员补充有关信息，每户调查时间1~2小时。此外，为了解耕地利用中各投入要素的详细情况，还对各村村干部和农业生产大户进行了深度访谈。

5.2.2 数据来源

本书的数据来源于笔者及所带领的农业经济学本科生和硕士生于2021年暑期为期两个月对江西省农户进行的问卷调查。调研小组先在万年县珠田镇珠湾村、珠田村和越溪村进行了为期5天的预调查。之后，在此基础上对问卷进行了修改完善。并于2021年7~8月，前往研究区农户家中开展参与式评估问卷调查。在样本户选择上，调研小组选取了江西省不同地理位置的农业生产典型性的主产区和主产县作为研究范围。调研小组采取分层抽样方法选择了镇、乡、村、组；组内采用随机抽样方法选择了样本户，涵盖了不同的农户类型。最终选取了江西省所辖的九江县、湖口县、星子县、万年县、南昌县、新建县、莲花县、萍乡市湘东区、兴国县共9个县（区）作为样本县（区），共抽取了30个乡镇60个村的880个农户样本，剔除信息不全的样本，有效样本量为868户，获得有效问卷 868 份（其中万年县 120 份，南昌县 166 份，新建县 20 份，星子县 99 份，湖口县 110 份，九江县 11 份，莲花县 136 份，萍乡市湘东区 26 份，兴国县 178 份），具体如表 5-1 所示。

表 5-1　　　　　　　　　　农户调查样本分布情况

项目	万年县	南昌县	新建县	星子县	九江县	莲花县	萍乡市湘东区	兴国县
调研户数	120	166	20	99	110	136	26	178

5.2.3　数据处理

投入要素中，人均耕地面积和农药费用数据直接来源于农户问卷调查，劳动力费用是用农户花在耕地中的工时乘以当地相应的劳动力价格；化肥与机械费用为单位面积用量与相应价格的乘积。其中，工时、劳动力价格、化肥与机械亩均用量及相应价格数据来源于农户调查或有关农资售卖站。

产出要素为单位面积产出值，其计算公式为单位面积产出量与其价格的乘积。其中单位面积产出量与其价格数据来源于农户问卷调查。

根据江西省农业农村厅《关于稻谷补贴的实施意见》，2014 年江西省农业政策为：水稻良种补贴 15 元/亩，粮食直接补贴 11.8 元/亩，农资综合补贴 56 元/亩。因此农户每亩耕地的政府补贴收入为 82.8 元。

5.2.4　农户类型的划分

5.2.4.1　划分依据

目前国内对农户类型划分主要以非农收入占家庭总收入的比例为依据（陈长华，1999；陈晓红，2007；张丽萍，2008；阎建忠，2010；Wang C. C.，2011；Hao H. G.，2013；花晓波，2014；郭庆海，2018）。对农户类型的划分为两种：一是中国社会科学院农村发展研究所在 2002 年提出的分类方法，该方法把农业收入大于家庭收入 95% 以上的农户归为农业户，非农收入大于家庭收入 95% 以上的农户划为非农业户，介于两者之间的农户为兼业户，以农业为主的为一兼户，以非农为主的为二兼户；二是 2004 年 10 月国家统计局制订的农村住户调查方案中相关规定，主要将 95% 的比例调整成为 90%（花晓波，2014）。考虑到研究区的实际情况，本书按照非农化程度及农户生计多样化的差异，综合已有农户类型划分的研究成果，利用农户兼业程度（非农业收入占家庭总收入的比重）对不同生计策略农户进行分类，具体标准为：非农业收入占家庭总收入的比重少于 10% 的农户为纯农户，其生计策略选择为留在农业；介于 10%~90% 的为兼业户，其生计策略选择为兼业；90% 以上的为非农户，其生计策略选择为脱离农业。

5.2.4.2　划分结果

依据 5.2.4.1 农户划分的标准，研究区有效问卷为 868 户，纯农户仅有 43 户（占比 5%）（本书中纯农户是指专业户），兼业户为 367 户（占比 42%），非农户为 458 户（占比 53%）（见表 5-2、图 5-1 和图 5-2）。纯农户占比如此之小，而非农户占比如此之大，主要原因在于，我国城镇工资改革的实施和城镇最低工资收入水平的上升，农户外出就业工资在最近几年增速较大，甚至出现了翻番的现象，而农产品价格在近几年较为稳定，从而使务工收入在总收入中的占比逐年快速增长，最终导致了这种现象。

表 5-2　　　　　　　　　不同类型农户调查样本分布情况

样本	总样本户	纯农户	兼业户	非农户
户数	868	43	367	458

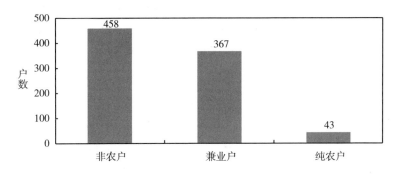

图 5-1　不同类型农户调查样本量比较

农户分类结果具体如表5-2和图5-1所示。此处调研的纯农户一般是租入了他人的耕地，进行规模化经营，有的农户经营耕地面积达到了几百亩，尤其是萍乡市湘东区的幸福村，有大量的特殊农业规模种植大户，如种植水稻、葡萄、西瓜、火龙果等。江西省是我国劳动力输出大省，随着我国改革开放，工业化和城镇化进程的推进，大量农业劳动力外出务工，有的长期在外省务工，家里的耕地依然保有，要么由父母或兄妹耕种（维持自家口粮），要么出租给他人种植（一般是地块地理位置、质量较好的耕地）；有的农闲时在本地打零工，农忙时在家务农，一般也存在租出耕地的现象。这两种现象的存在，使一些劳动能手能通过租入耕地，形成规模化经营。

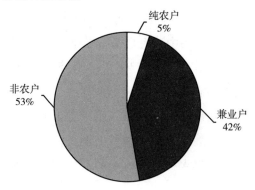

图5-2 不同类型农户样本构成

5.2.4.3 不同类型农户家庭基本情况描述性统计分析

在所调研的农户中，三类农户在家庭人口数、家庭年龄构成、家庭受教育程度、家庭务农、务工人数平均值如表5-3所示。从表5-3可以看出，家庭平均人口中，非农户人口最多，为6.58人；其次是兼业户，为6.05人；最少的是纯农户，为5.23人。家庭年龄构成中，0~15岁、16~59岁人数从高到低依次均为非农户（1.68人，4.00人）、兼业户（1.44人，3.59人）和纯农户（1.30人，2.98人）；60岁以上的，兼业户（1.02）最多，其次是纯农户（0.95），最少的是非农户（0.90）。家庭受教育程度中，除小学及以下程度兼业户人数最多外，初中、高中、中专、大专及以上，都是非农户家庭人口最多，就兼业户与纯农户相比较，除小学及以下、高中是纯农户家庭人口较多之外，初中、中专、大专及以上均是兼业户家庭人口较多，即在中专、大专及以上高等教育中，非农户人口最多，兼业户次之，纯农户最少；家庭务工人数中，由高到低依次是非农户、兼业户、纯农户，而务农人数则恰好相反。

表 5-3　　　　　　不同类型农户家庭基本情况描述性统计分析

类别	年龄段	非农户	兼业户	纯农户
		平均值	平均值	平均值
家庭人口数/人		6.58	6.05	5.23
家庭年龄构成/人	0~15	1.68	1.44	1.30
	16~59	4.00	3.59	2.98
	60岁以上	0.90	1.02	0.95
家庭受教育程度/人	小学及以下	3.44	3.47	2.98
	初中	2.17	1.84	1.51
	高中	0.63	0.44	0.53
	中专	0.08	0.07	0.02
	大专及以上	0.26	0.22	0.19
家庭务农人数/人		2.01	2.44	2.53
家庭务工人数/人		2.75	1.96	0.81

对农户行为影响较大的因素中，受教育程度，纯农户高中文化程度占比最大，兼业户和非农户的初中、中专、大专及大专以上占比较大，出现初中、中专和高等学历兼占比高的两极分化现象；在年龄分布上，16~59 岁的中壮年人口占比，非农户最大，纯农户最小，而相反地，60 岁以上的纯农户占比最大，占其总人口的 18.16%，纯农户年龄构成趋于老龄化，这与花晓波的研究结果一致（花晓波，2014），非农户最小，占其总人口的 13.68%。总体来说，非农户家庭人口最多、人口中青壮年最多、受教育程度最高、家庭务工人数最多。

5.2.4.4　调研对象与其家庭基本特征

整体来看，在农业生产中，依然以男性为主。在被调研的对象中（在实地调研中，随机抽查的家庭大多以男性务农为主，女性在家做家务，带孩子，大多不懂农业生产，如农药、化肥施打多少，具体何时进行施打。所以在入户调研时，调研人员都会先与家庭中的夫妻进行交流，确定谁是家庭中的务农主要劳动力，再对其进行访谈），男性为 679 人，占比 78.23%，女性 189 人，占比 21.77%。在笔者的调研过程中，大多数女性对自家耕地投入化肥、农药等情况并不熟悉，而喷施化肥、农药这些活，也是男性在做。在家庭年龄构成方面，16~59 岁人员占比最大，为 60.03%；其次是 0~15 岁人口，为 24.82%；最后是 60 岁以上人口，为 15.15%。在家庭受教育程度方面，农户的文化教育水平依然较低，占比最大的是小学及以下人口，为 54.55%；其次是初中教育水平，为 31.78%；而高中、中专和大专及以上人口占比较小，三者加在一块占比为 13.67%。农户受教育水平普遍偏低，这可能与农村教育配套设施跟不上，学校离家较远，农村学习环境、氛围较差有关。在家庭务农、务工人数占比方面，务农人数占比为 48.93%，务工人数占比较大，为 51.07%（见表 5-4）。

表 5-4　　　　　　　　　　不同类型农户调查样本分布情况

类别		非农户	占比（%）	兼业户	占比（%）	纯农户	占比（%）	合计	占比（%）
调研对象	男性/人	357	77.95	284	77.38	38	88.37	679	78.23
	女性/人	101	22.05	83	22.62	5	11.63	189	21.77
家庭总人口数/人		3015	55.23	2219	40.65	225	4.12	5459	100
家庭年龄构成/人	0~15 岁	771	25.57	528	23.79	56	24.89	1355	24.82
	16~59 岁	1833	60.80	1316	59.31	128	56.89	3277	60.03
	60 岁以上	411	13.63	375	16.90	41	18.22	827	15.15
家庭受教育程度/人	小学及以下	1576	52.27	1274	57.41	128	56.89	2978	54.55
	初中	995	33.00	675	30.42	65	28.89	1735	31.78
	高中	289	9.59	163	7.35	23	10.22	475	8.70
	中专	38	1.26	27	1.22	1	0.44	66	1.21
	大专及以上	117	3.88	80	3.61	8	3.56	205	3.76
家庭务农人数/人		922	42.27	897	55.54	109	75.69	1928	48.93
家庭务工人数/人		1259	57.73	718	44.46	35	24.31	2012	51.07

从不同类型农户来看，非农户家庭占比最大，为 55.23%（3015 人），其次是兼业户，占比为 40.65%（2219 人），纯农户最低，占比为 4.12%（225 人）。在家庭年龄构成方面，不同类型农户中均以 16~59 岁人口占比

最大，其次是 0~15 岁人口，最后是 60 岁以上人口。非农户、兼业户、纯农户中 16~59 岁人口、60 岁以上人口占比依次为：60.80%、59.31%、56.89%，13.63%、16.90%、18.22%。可以看出，非农户 16~59 岁人口占比最大，纯农户 60 岁以上人口占比最大，这意味着非农户人口以青壮年为主，纯农户人口趋向老龄化。在家庭受教育方面，均以小学及以下占比最大，非农户、兼业户和纯农户占比分别为 52.27%、57.41%、56.89%，这说明兼业户文化教育水平偏低；而中专、大专及以上均以非农户占比最大（中专占比 1.26%，大专及以上占比 3.88%），兼业户次之（中专占比 1.22%，大专及以上占比 3.61%），纯农户最低（中专占比 0.44%，大专及以上占比 3.56%），这说明非农户受高等教育水平普遍偏高，大多招聘公司在对外招聘时对学历有要求，而非农户的学历恰好符合要求，便得以顺利地外出务工，最终造成了非农户外出务工占比最大的现象。纯农户在小学及以下，以及中专、大专及以上占比均不是最高的，说明了纯农户在外出务工方面没有优势，由于纯农户高中受教育水平在三类农户中的占比最大，为 10.13%，有利于其研究农业生产，如思考如何降低生产成本，如何提高产量以及学习农业技术，这一些为其成为农业能手、农业专业户打下了基础。在家庭务农人数占比上，最高的是纯农户（75.69%），其次是兼业户（55.54%）、最低的是非农户（42.27%），务工人数占比则相反（见表 5-4、图 5-3~图 5-8）。

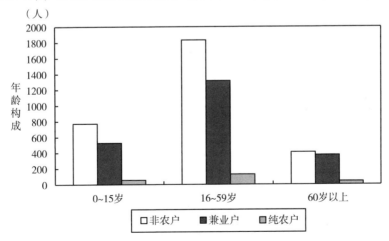

图 5-3 不同类型农户家庭年龄构成比较

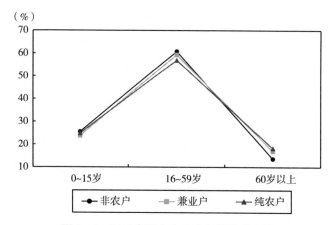

图5-4 不同类型农户家庭年龄构成比较

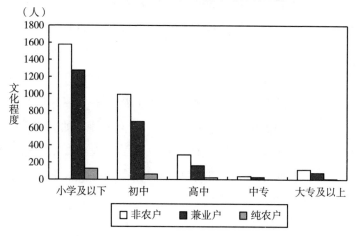

图5-5 不同类型农户家庭文化程度比较

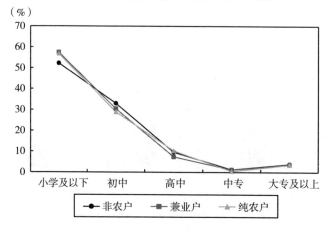

图5-6 不同类型农户家庭文化程度比较

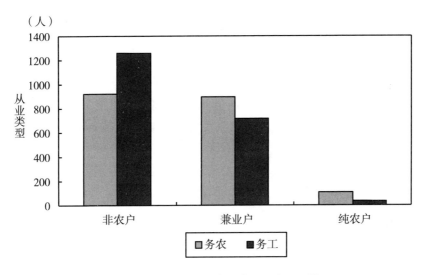

图 5 - 7　不同类型农户家庭从业人员比较

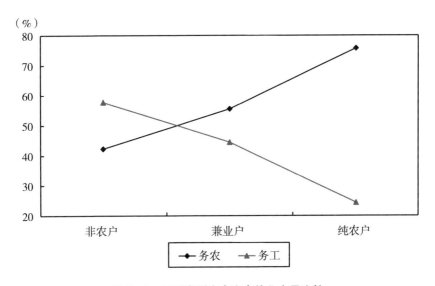

图 5 - 8　不同类型农户家庭从业人员比较

5.2.5　DEA 方法及模型

同 3.3.1。

5.2.6 逐步回归分析方法

逐步回归分析方法是建立最优回归方程的最佳方法之一（李明，2020；陈宝峰，2005），多元逐步回归是逐步将所有可能影响 y 的影响因素带入回归方程，对每一个影响因子进行 F 检验，以确保每次引入的新的显著性变量前回归方程中包含对 Y 作用显著的变量，直到无不显著的因素加入回归方程为止，仅留下对因变量贡献较大的自变量，最终得到最优回归方程（朱家彪，2008）。以此对经济变量之间的关系进行解释和说明。

5.3 耕地利用生态集约化的类型差异分析

5.3.1 投入产出指标选取

本章节基于 DEA 方法的测度指标体系构建的基本原则、指标选取的依据和测度模型遵循第 3 章相关内容，由于笔者是在 2015 年 7 月、8 月进行的实地调研，此时天气炎热，农户使用农地膜的非常少，因此在进行耕地利用生态集约化差异分析时，未考虑农地膜投入要素，且计算时单位有所不同。因此，本书最终投入指标选取了单位耕地面积化肥费用（元/亩）、单位耕地面积农药费用（元/亩）、单位耕地面积机械费用（元/亩）、单位耕地面积劳动力费用（元/亩）；产出指标选取了单位耕地面积产值（元/亩）。

5.3.2 测度模型

结合国内外文献综述及表 3-1，本书以输入型的 CCR 模型作为耕地利用生态集约化的测度模型。具体如下所示：

$$\min\alpha$$

$$\text{s. t.} \sum_{i=1}^{n} \lambda_i X_i \leqslant \alpha X_k$$

$$\sum_{i=1}^{n} \lambda_i Y_i \geqslant Y_k \qquad (5.1)$$

$$\lambda_i \geqslant 0, i = 1,2,\cdots,n$$

式（5.1）中，λ代表对偶变量；α代表各决策单元的综合技术效率值（TE），即耕地实际产出与可能最大产出的比值，n代表调研农户数量，在本章n为868户，X代表输入量，也代表农户生产中单位面积投入的化肥、农药、机械和劳动力费用，Y代表输出量，在本章中，代表单位面积耕地的产值。本书使用CCR模型来测度耕地利用生态集约化水平。

5.3.3　结果与分析

5.3.3.1　粮食作物耕地利用生态集约化的农户差异分析

（1）投入产出农户差异描述性统计分析。

本章节研究的目的是对实地调研的农户耕地利用生态集约化水平进行测度，投入要素包括人均耕地面积、劳动力费用、化肥费用、购买支出、单位面积机械费用；产出要素是单位耕地面积的产值，本部分对非农户、兼业户和纯农户三类农户的粮食作物耕地利用生态集约化水平进行测度，各投入、产出要素的描述性统计特征如表5-5所示。

表5-5　　　三类农户单位面积粮食作物耕地投入产出描述性统计分析

耕地投入要素	农户类型	非农户	兼业户	纯农户
人均耕地面积 （亩）	最大值	25	636	1000
	最小值	0	1	1
	平均值	3.73	9.44	54.36
	标准差	3.01	37.75	184.84

续表

耕地投入要素	农户类型	非农户	兼业户	纯农户
单位面积劳动力费用 （元/亩）	最大值	1500	1950	1500
	最小值	100	0	140
	平均值	530	524	562
	标准差	233.83	255.30	274.50
单位面积化肥费用 （元/亩）	最大值	605	710	325
	最小值	35	0	0
	平均值	134	133	114
	标准差	51.29	50.11	73.19
单位面积农药费用 （元/亩）	最大值	400	400	400
	最小值	0	0	0
	平均值	94	82	91
	标准差	52.50	50.11	73.19
单位面积机械费用 （元/亩）	最大值	300	300	250
	最小值	0	0	0
	平均值	221	221	181
	标准差	74.20	78.34	85.83
单位面积产值 （元/亩）	最大值	1563	1875	1500
	最小值	312	0	675
	平均值	1115	1141	1149
	标准差	206.72	223.11	206.37

注：表中数据为笔者根据实地调研数据整理得出。

非农户、兼业户和纯农户的耕地投入要素量排序是一样的，均为：首先是单位耕地面积劳动力费用投入最大（530元/亩、524元/亩、562元/亩），其次是单位耕地面积机械投入费用（221元/亩、221元/亩、181元/亩），再次是单位耕地面积化肥投入费用（134元/亩、133元/亩、114元/亩），最后是单位耕地面积农药投入费用（94元/亩、82元/亩、91元/亩）。亩均产出值从高到低依次是纯农户（1150元/亩）、兼业户（1141元/亩）和非农户（1149元/亩），具体如表5-5和图5-9所示。

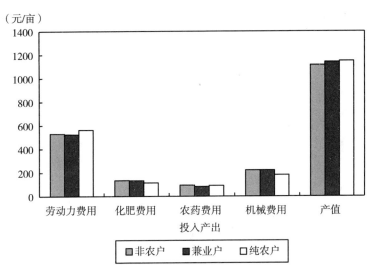

图5-9 三类农户亩均耕地投入产出情况

在各种投入产出要素中,人均耕地面积最高的是纯农户,最低的是非农户,纯农户人均耕地面积是其他两类农户耕地面积的6~18倍。2005年《农村土地承包经营权流转管理办法》的施行激励了农户通过租用耕地扩大经营规模实现规模经济。在调研中,纯农户均存在租用耕地甚至大量租用耕地进行扩大规模经营的现象,兼业户较少有租入耕地的现象,即便租入,面积较小,而非农户生产主要为了满足自家需求,不仅不存在租入耕地的现象,还常常租出一部分耕地。

单位耕地面积劳动力投入费用,最高的是纯农户,最低的是兼业户。原因在于,纯农户主要为水稻种植大户及在相对较为贫困的赣南地区的粮食种植大户,而前者数量较少,后者占比较大。由于赣南地区经济落后、交通闭塞、土地贫瘠破碎,这些地区的农户外出打工较少,主要依靠农业收入,而较差的自然条件使得这些农户不得不投入更多的劳动力要素,从而获得与其他地区相同甚至更少的产出。而兼业户单位耕地面积劳动力投入费用最低,主要是因为兼业户农忙时在家务农,农闲时外出打工,随着打工收入的不断增长,当外出打工的收入不断增加,大大高出务农收入且务工和务农相冲突时,兼业户可能选择务工,而放弃务农,因为他们可以用比务农收入高出很多的务工收入去市场购买他们所需要的食物。这些导致了兼业户单位耕地面积劳动力投入费用最低。

单位耕地面积机械投入费用，最低的是纯农户，纯农户由于承包了大量的连片耕地实施大规模经营，一般都拥有先进的机械设备，再加上专业的技术指导，使得纯农户单位面积机械费用较低。

单位耕地面积化肥投入费用，最低的是纯农户。在实际调研中，纯农户生产的目的是追求最大利润，如何节约成本非常关键，他们往往聘请技术专家进行指导，实施精准施肥，最大可能地节约化肥投入成本，而且纯农户往往会花较大的精力在提高耕地质量上，如休耕期间，向耕地中洒红花籽等，较大程度地提高了耕地肥力，因此纯农户的化肥费用是最低的。

单位耕地面积农药投入费用，最高的是非农户，其次是纯农户，最低的是兼业户。农药是省工性投入要素，非农户农业机会成本较高且农业技术水平不高，土地一般分布零散，而施药是间歇性的，再加上相邻的农田主不会同时施打农药，这将增加农药的用量和施打次数。纯农户实施大规模经营，一般会聘请农业技术人员进行指导，实施精准施药。兼业户一般在本地打零工，种植粮食作物主要是为了满足自家需求，能精耕细作，如尽量人工除草，尽量少打或不打农药。

单位耕地面积产值，最高的是纯农户，非农户最低。纯农户的规模生产产值远远高出其他两类农户，这验证了耕地规模经济理论；兼业户比非农户高，原因在于兼业户一般农业生产经验较为丰富，有时间实行精耕细作，非农户大量时间在外打工，经验较少。最终导致了单位耕地面积产值纯农户最高，兼业户次之，非农户最低的结果。

（2）粮食作物耕地利用生态集约化的农户差异分析。

运用 DEAP 软件对数据进行处理，计算出三类农户粮食作物耕地利用生态集约度，结果如表 5-6~表 5-8 所示。

第一，非农户的粮食作物耕地利用生态集约化测度结果。

如表 5-6 所示，非农户的耕地利用生态集约化的农户有 14 户，占比 3.26%，剩余 96.74% 的非农户耕地利用均非生态集约化，都存在改进的潜力，虽然这部分农户耕地利用非生态集约化，但是他们的生态集约度介于 0.8~1 的占 85.35%，介于 0.9~1 的农户占 60.7%。非农户改进的潜力非常大，江西省应积极采取有关政策措施，提高非农户的耕地利用生态集约化水平。

表5-6　　　　　　　　非农户的粮食作物耕地利用生态集约度

生态集约度范围	频数	占比（％）	描述分析	统计值
0～0.1	1	0.23	最小值	0
0.1～0.2	0	0	中位数	0.93
0.2～0.3	1	0.23	平均值	0.9
0.3～0.4	1	0.23	最大值	1
0.4～0.5	3	0.70	农户数量	431
0.5～0.6	1	0.23		
0.6～0.7	10	2.33		
0.7～0.8	32	7.44		
0.8～0.9	106	24.65		
0.9～1	261	60.70		
1	14	3.26		

第二，兼业户的粮食作物耕地利用生态集约化水平测度结果。

如表5-7所示，兼业户粮食作物中，耕地利用生态集约化的农户有18户，占比4.99％，生态集约化水平较非农户高，其他兼业户的粮食作物耕地利用均非生态集约化，都存在改进的潜力，虽然这部分农户耕地利用非生态集约化，但是他们的生态集约度介于0.8～1的占75.34％，介于0.9～1的农户占55.12％，发展潜力较大，但不如非农户。

表5-7　　　　　　　　兼业户的粮食作物耕地利用生态集约度

生态集约度范围	频数	占比（％）	描述分析	统计值
0～0.1	1	0.28	最小值	0
0.1～0.2	1	0.28	中位数	0.96
0.2～0.3	1	0.28	平均值	0.87
0.3～0.4	8	2.22	最大值	1
0.4～0.5	8	2.22	农户数量	361
0.5～0.6	11	3.05		
0.6～0.7	6	1.66		
0.7～0.8	35	9.70		
0.8～0.9	73	20.22		
0.9～1	199	55.12		
1	18	4.99		

如表 5 - 8 所示,纯农户粮食作物中,耕地利用生态集约化的农户有 16 户,占比 37.21%,生态集约化水平较高,是非农户和兼业户的 9 ~ 11 倍,这主要是因为纯农户实施大规模现代化农业生产,有利于耕地利用生态集约化水平的实现。随着国家农机购置补贴政策的出台有效促进了江西省农业机械装备水平的提高(谢花林,2012;颜玄洲,2011),以及江西省纯农户机械使用效率,为提高耕地利用生态集约化产生了积极影响。江西省应采取积极措施进一步扩大惠农政策项目,并促进耕地适度流转,推行农业现代化规模生产,实现耕地利用生态集约化,为江西省 GDP 作出更大贡献。其他 62.79% 均非生态集约化,都存在改进的潜力。

表 5 - 8　　　　　　　　　　　纯农户耕地利用生态集约度

生态集约度范围	频数	占比(%)	描述分析	统计值
0 ~ 0.1	3	6.98	最小值	0
0.1 ~ 0.2	0	0	中位数	0.93
0.2 ~ 0.3	1	2.33	平均值	0.79
0.3 ~ 0.4	0	0	最大值	1
0.4 ~ 0.5	4	9.30	农户数量	43
0.5 ~ 0.6	3	6.98		
0.6 ~ 0.7	1	2.33		
0.7 ~ 0.8	1	2.33		
0.8 ~ 0.9	7	16.28		
0.9 ~ 1	7	16.28		
1	16	37.21		

从以上分析可知,粮食作物、纯农户耕地利用生态集约化的农户占比最大,其次是兼业户,最低的是非农户。但总体来说,三类农户耕地利用生态集约化的农户占比均较低,非生态集约化占绝大多数。江西省作为我国农业大省,农业收入占比较大,相关部门可积极采取有利于促进耕地利用生态集约化的措施,促进江西省早日实现耕地利用生态集约化。

5.3.3.2 经济作物耕地利用生态集约化的农户差异分析

（1）投入产出农户差异描述性统计分析。

纯农户投入费用由高到低依次是单位耕地面积劳动力投入（852元/亩）、单位耕地面积化肥投入（84元/亩）、单位耕地面积农药投入（37元/亩）、单位耕地面积机械投入（31元/亩），单位耕地面积产值为3089元/亩。

非农户和兼业户投入量排序是相同的，均为：首先是单位耕地面积劳动力费用投入最大（948元/亩、958元/亩），其次是单位耕地面积化肥投入费用（108元/亩、140元/亩），再次是单位耕地面积机械投入费用（104元/亩、97元/亩），最后是单位耕地面积农药投入费用（97元/亩、87元/亩）。亩均产出值兼业户（1989元/亩）较非农户（1379元/亩）高。

具体如表5-9和图5-10所示。

表5-9　　　　　三类农户经济作物耕地投入产出描述性统计分析

耕地投入要素	农户类型	非农户	兼业户	纯农户
人均耕地面积（亩）	最大值	25	200	500
	最小值	0	0	0
	平均值	2.25	5.08	36.72
	标准差	2.27	15.59	118.61
单位面积劳动力费用（元/亩）	最大值	5000	4500	3000
	最小值	0	0	0
	平均值	948	958	852
	标准差	717.74	652.73	809.17
单位面积化肥费用（元/亩）	最大值	400	930	334
	最小值	0	0	0
	平均值	108	140	84
	标准差	67.54	138.26	94.63
单位面积农药费用（元/亩）	最大值	500	1800	145
	最小值	0	0	0
	平均值	97	87	37
	标准差	106.03	170.46	52.73

续表

耕地投入要素	农户类型	非农户	兼业户	纯农户
单位面积机械费用 （元/亩）	最大值	250	250	241
	最小值	0	0	0
	平均值	104	97	31
	标准差	118.49	117.25	68.48
单位面积产值 （元/亩）	最大值	11550	26250	15000
	最小值	180	0	75
	平均值	1379	1989	3089
	标准差	1328.92	3505.92	4892.65

注：表中数据为笔者根据实地调研数据整理得出。

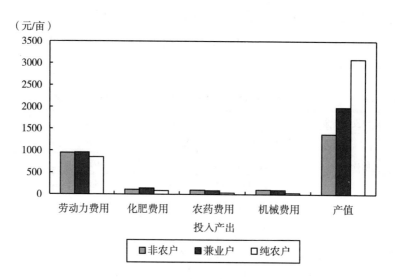

图 5 - 10　三类农户经济作物亩均耕地投入产出情况

在非农户、兼业户和纯农户三类农户的各种投入产出中。纯农户人均耕地面积和亩均产值最大，劳动力费用、机械费用、化肥费用、农药费用均最低。证验了耕地规模经济理论。

单位面积劳动力费用，最低的是纯农户，最高的是兼业户，这与粮食作物以纯农户最高有所不同。纯农户中种植面积最大的是水果，最高达到了 500 亩。大规模种植有利于实现现代化农业管理，单位面积劳动力费用、化肥、农药和机械费用能得到降低，而其他两类农户种植经济作物，一般是为了满足自家需求而零散地种植一些诸如蔬菜、油菜、棉花等。

单位面积机械费用，经济作物与粮食作物排序相同，最高的是非农户，最低的是纯农户。纯农户一般自家拥有机械，而且是大规模连片生产，亩均费用较低。兼业户愿意用劳动力替代机械，非农户劳动力机会成本较高。

单位面积化肥费用，最低的是纯农户，最高的是兼业户，这与粮食作物是一致的。解释与粮食作物相同。

单位面积农药费用，最高的是非农户，解释与粮食作物相同，最低的是纯农户。解释与化肥相同。

单位面积产值，经济作物与粮食作物排序相同，最高的是纯农户、最低的是非农户。这同样验证了耕地规模经济理论，解释原理与粮食作物相同，即纯农户的规模生产产值远远高出其他两类农户；兼业户较非农户高，原因在于兼业户一般较非农户农业生产经验较为丰富，有时间实行精耕细作，非农户大量时间在外打工，经验较少，最终导致了单位面积产值纯农户最高，兼业户次之，非农户最低的结果。

（2）生态集约化农户差异分析。

运用 DEAP 软件对数据进行处理，计算出三类农户的耕地利用生态集约度，如表 5 – 10 ~ 表 5 – 12 所示。

第一，非农户经济作物耕地利用生态集约化水平。

如表 5 – 10 所示，非农户经济作物生态集约化的农户有 4 户，占比 1.72%，其他也是非生态集约化的，存在改进的潜力，虽然这部分农户耕地利用非生态集约化，但是他们的生态集约度介于 0.8 ~ 1 的占 66.53%，介于 0.9 ~ 1 的农户占 23.18%，均比粮食作物生态集约化水平低，说明非农户耕地利用生态集约化还有较长的路要走。

表 5 – 10　　　　　非农户经济作物耕地利用生态集约度

生态集约度范围	频数	占比（%）	描述分析	统计值
0 ~ 0.1	1	0.43	最小值	0
0.1 ~ 0.2	0	0	中位数	0.84
0.2 ~ 0.3	5	2.15	平均值	0.82

生态集约度范围	频数	占比（%）	描述分析	统计值
0.3~0.4	3	1.29	最大值	1
0.4~0.5	0	0	农户数量	233
0.5~0.6	2	0.86		
0.6~0.7	15	6.44		
0.7~0.8	48	20.60		
0.8~0.9	101	43.35		
0.9~1.0	54	23.18		
1.0	4	1.72		

第二，兼业户经济作物耕地利用生态集约化水平。

如表5-11所示，兼业户经济作物生态集约化的农户有11户，占比6.01%，其他非生态集约化的，存在改进的潜力，虽然这部分农户耕地利用非生态集约化，但是他们的生态集约度介于0.8~1的占84.70%，介于0.9~1的农户占55.19%，发展潜力非常大，且比非农户大。江西省应积极采取更为有力的措施，提高耕地利用生态集约化水平。

表5-11　　　　　　　　　兼业户耕地利用生态集约度

生态集约度范围	频数	占比（%）	描述分析	统计值
0~0.1	1	0.55	最小值	0
0.1~0.2	0	0	中位数	0.92
0.2~0.3	0	0	平均值	0.90
0.3~0.4	0	0	最大值	1
0.4~0.5	2	1.09	农户数量	183
0.5~0.6	1	0.55		
0.6~0.7	0	0		
0.7~0.8	13	7.10		
0.8~0.9	54	29.51		
0.9~1.0	101	55.19		
1.0	11	6.01		

第三，纯农户经济作物耕地利用生态集约化水平。

如表 5-12 所示，纯农户经济作物生态集约化的农户有 5 户，占比 27.78%，是非农户和兼业户的 4~27 倍，说明纯农户实施的大规模现代化农业生产，有利于耕地利用生态集约化的实现。粮食作物纯农户耕地利用生态集约化解释同样可运用于此。其他 72.22% 均非生态集约化，都存在改进的潜力。

表 5-12　　　　　　　　纯农户耕地利用生态集约度

生态集约度范围	频数	占比（%）	描述分析	统计值
0~0.1	1	5.56	最小值	0
0.1~0.2	0	0	中位数	0.95
0.2~0.3	0	0	平均值	0.90
0.3~0.4	0	0	最大值	1
0.4~0.5	0	0	农户数量	18
0.5~0.6	1	5.56		
0.6~0.7	0	0		
0.7~0.8	0	0		
0.8~0.9	3	16.67		
0.9~1.0	8	44.44		
1.0	5	27.78		

与粮食作物相同，纯农户耕地利用生态集约化的农户占比最大，然后是兼业户，最低的是非农户。总体来说，三类农户耕地利用生态集约化的农户占比均较低，非生态集约化占绝大多数。

粮食、经济作物，纯农户耕地利用生态集约化水平均最高，且是非农户与兼业户的数 10 倍，说明规模经营有利于江西省耕地利用生态集约化，江西省处于规模效益递增阶段，江西省应采取积极措施促进规模化农业生产，并制定相关惠农政策激励农业生产，实现江西省耕地利用生态集约化。

5.4 粮食作物耕地利用生态集约化的影响因素分析

不同的个人特征、不同的家庭及生产经营特征、不同的耕地特征、不同的收入状况、不同的市场条件、不同的农业技术掌握情况、不同的环境保护意识和对政策法规的了解等都会影响农户的决策行为，农户的决策行为又会影响农户的农业生产行为，进而影响耕地的生产效益和生产环境，最终影响耕地利用生态集约化水平。

本书借助皮卡佐·塔德奥等（Picazo-Tadeo et al.，2011）以耕地利用生态集约化为因变量，以农户的年龄、农场面积、农场农业收入占比、花在农业环境上的支出、农户文化教育水平、接受农业培训的程度（基础、中等、高等）作为影响因素；伊奥尔戈斯·加达纳基斯等（Yiorgos Gadanakis et al.，2015）选择以农户年龄、农场规模、受过基础教育农户数、受过高等教育农户数、农业生产经验、是否加入农业环境组织、农业环境付费、农业环境成本作为影响因素，以及其他学者的相关耕地集约化影响因素，如陈印军（2011）选取耕地质量、农民文化程度、家庭劳动力人数（农民户均劳动力人数）、农业人口、农民农业收入来研究耕地集约化，周杨武（2015）和赵京（2012）认为农产品价格和农民的收入对耕地集约化影响较大，魏欣（2014）选取农户个人特征、农户生产特征、农户自我防范意识、市场条件和农户对政策法规了解程度等来研究农业面源污染的影响因素等。刘源（2022）选取了耕地受灾率、年均降雨量、农村劳动力高中及以上文化水平比例、农村居民消费价格指数、农业收入占农村常住居民人均可支配收入比例、农村劳动力转移量、机耕面积占耕地总面积比例、政府农林水支出、粮食作物面积与非粮食作物面积之比。来研究耕地利用的可持续集约度的影响因素。再结合笔者在调研中农户反应的实际情况，最终本书选取农户个体特征、家庭及生产经营特征、耕地特征、收入状况、市场条件、农户农业技术掌握情况、农户环境保护意识和对国家政策法规的了解，对三类不同的农户在种植粮食、经济作物时，耕地利用生态集约化的影响因素进行分析。

5.4.1 变量选取

通过以上分析，笔者选取了8类40个变量来研究耕地利用生态集约化的影响因素，各变量定义与预期方向如表5-13所示。

表5-13　　　　　　各变量定义及预期方向

一级变量	二级变量	二级变量（字母表示）	变量解释	粮食作物预期方向			经济作物预期方向		
				非农户	兼业户	纯农户	非农户	兼业户	纯农户
1. 农户个人特征	年龄	age	年龄	+	+	−	+	+	−
	性别	sex	男性=1，女性=0	+	+	+	+	+	+
	文化程度	edu	受教育年限	+	+	+	+	+	+
2. 家庭及生产经营特征	家庭农业劳动力总数	lab	家庭中从事农业生产的人数	+	+	+	+	+	+
	人均耕地面积	rjgd	人均占有耕地面积	+	+	+	+	+	+
	耕地产量比上年是否增长	clzz	是=1，否=0	+	+	+	+	+	+
	有无使用机械	jx	是=1，否=0	−	−	+	−	−	+
3. 耕地状况	所属地形	Dx₁	平原湖泊区=1，其他=0	+	+	+	+	+	+
	所属地形	Dx₂	城郊=1，其他=0	+	+	+	+	+	+
	所属地形	Dx₃	丘陵山地区=1，其他=0	−	−	−	−	−	−
	耕地质量	Qua	好=1，其他=0	+	+	+	+	+	+
	耕地破碎度	psd	地块数与家庭总耕地面积的比	−	−	−	−	−	−
	地貌特征	dm	平地=1，其他=0	+	+	+	+	+	+
	地块平均面积	dkmj	面积	+	+	+	+	+	+
4. 收入状况	农业收入占总收入的比重	srzb	比重	−	+	+	−	−	+
	农业收入	nysr	金额	−	−	+	+	+	+
	打工收入	dgsr	金额	+	+	+	+	+	+
5. 市场条件	化肥价格上涨对化肥施用量的影响	hfzc	影响敏感=1，不敏感=0	−	−	−	−	−	−
	农产品价格上涨对化肥施用量的影响	ncpzc	影响敏感=1，不敏感=0	+	+	+	+	+	+
	农药价格上涨对农药施用量的影响	nyzj	影响敏感=1，不敏感=0	−	−	−	−	−	−

续表

一级变量	二级变量	二级变量（字母表示）	变量解释	粮食作物预期方向			经济作物预期方向		
				非农户	兼业户	纯农户	非农户	兼业户	纯农户
6. 农业技术掌握情况	与其他村民相比，认为自己现在化肥的使用量是多是少？	hfyl$_1$	多 = 1，其他 = 0	−	−	−	−	−	−
	与其他村民相比，认为自己现在化肥的使用量是多是少？	hfyl$_2$	适中 = 1，其他 = 0	+	+	+	+	+	+
	是否认为化肥、农药是农业增产的主要因素	nyzc	是 = 1，不是 = 0	−	−	−	−	−	−
	您在使用农药前是否仔细阅读说明书并严格按照规程操作？	nysm	有 = 1，无 = 0	+	+	+	+	+	+
	您选择农药的依据？	nyyj	价格 = 1，其他 = 0	−	−	−	−	−	−
	您在购买农药时是否根据作物病情向农技人员或销售者咨询？	nyzx	是 = 1，否 = 0	+	+	+	+	+	+
	自己认为是否掌握好了农业技术	nyjs	是 = 1，无 = 0	+	+	+	+	+	+
	对测土配方施肥的接受程度	ctpf	接受 = 1，不接受 = 0	+	+	+	+	+	+
7. 环境保护意识	过量施肥对土壤和环境的影响	glsf	有 = 1，无 = 0	+	+	+	+	+	+
	对农业面源污染了解	mywr	较了解 = 1，不太了解 = 0	+	+	+	+	+	+
	您愿意为保护环境少用农药吗？	nyjl	愿意 = 1，不愿意 = 0	+	+	+	+	+	+
	是否愿意休耕	xg	愿意 = 1，不愿意 = 0	+	+	+	+	+	+
	您认为如何才能提高群众参与环境管理的意识和水平？	hjgl	给予补贴 = 1，宣传或提高农户的文化知识水平	−	−	−	−	−	−
	是否愿意采用亲环境方式进行农业生产？	qhj	愿意 = 1，不愿意 = 0	+	+	+	+	+	+
	您认为使用农药对土壤是否会产生不良影响？	nytr1	影响较大 = 1，其他 = 0	+	+	+	+	+	+

续表

一级变量	二级变量	二级变量（字母表示）	变量解释	粮食作物预期方向			经济作物预期方向		
				非农户	兼业户	纯农户	非农户	兼业户	纯农户
7. 环境保护意识	您认为使用农药对土壤是否会产生不良影响？	nytr2	影响一般 = 1，其他 = 0	−	−	−	−	−	−
	您对使用完毕的废旧药瓶如何处理？	nyhs	收集起来扔到垃圾箱、卖给垃圾回收站 = 1，扔到田埂、田边沟里，埋在地里 = 0	+	+	+	+	+	+
8. 农户对国家政策、制度的了解	对《中华人民共和国环境保护法》的了解	hbf	较了解 = 1，不太了解 = 0	+	+	+	+	+	+
	对《农药安全使用规范》的了解	nyaq	较了解 = 1，不太了解 = 0	+	+	+	+	+	+
	耕地调整年限	tznx	产权变动年限	+	+	+	+	+	+

5.4.1.1　农户个人特征

农户个人特征包括年龄、性别和文化程度。农户的年龄对耕地利用生态集约化的预期影响有：（1）非农户。由于农业生产的精壮劳动力流失较多，农业生产中妇女及老年劳动力比重相对较大；复合肥、尿素价格较高，磷肥、碳铵价格较便宜，一般与农家肥混合施用（张丽萍，2008），且非农户种植农产品主要用于家庭自我消费。一般来说他们年龄越大，种植经验越丰富、越节省、越偏向于使用农家肥，使用的化肥、农药越少，既能节约成本又能有效避免土壤退化，保护耕地环境，耕地利用生态集约化水平越高。（2）兼业户。与非农户类似。（3）纯农户。纯农户种植农产品主要用于销售，赚取利润，一般会大量租入耕地，规模化经营，并聘请专业技术人员进行指导。农户越年轻，越能接受新的信息和技术，单位面积使用的化肥、农药和劳动力越少，产量越高，耕地利用生态集约化水平越高。

农户的性别对耕地利用生态集约化的预期影响。一般来说，在农村，主要劳动力依然是男性，施打农药、化肥主要依靠男性劳动力，他们掌握的农业技术较女性更好，产量也更高，耕地利用生态集约化水平更高。

农户的文化程度对耕地利用生态集约化的预期影响为文化程度越高，越懂得如何以最小的成本获取最大的收益。在农业生产中，农户通过学习与钻研，能实施有效施肥、施药，使得产量越高，耕地利用生态集约化水平越高。

5.4.1.2　农户的家庭及生产经营特征

农户的家庭及生产经营特征包括家庭农业劳动力总数、人均耕地面积和耕地产量比上年是否增长、有无使用机械。

对于农业劳动力越多的家庭，劳动力投入将越多，使用农家肥也将越多，使用化肥则会越少，这样既可以节约成本，又能有效保护耕地质量，促进耕地利用生态集约化；而随着务农机会成本的上升，在单位耕地面积省工性药剂投入使用上，农户非农化程度越高，农业劳动力越少，则投入省工性要素的强度越大，即家庭劳动力越多，省工性农用药剂使用越少，这样可以有效保护耕地环境，耕地利用生态集约化水平将越高（刘源，2022；张丽萍，2008）。

人均耕地面积越大，单位面积所需投入的劳动力、农药、化肥和机械量就越低，耕地利用生态集约化水平越高（刘源，2022；张丽萍，2008）。

耕地产量比上年增长越多，越能刺激农户生产的积极性，激励农户研究农业技术，使得在原有投入水平不变的情况下，产量进一步得到提高，从而实现耕地利用生态集约化。

机械作为省工性要素，一是它的使用会加大能源的消耗，二是能够节省一部分劳动力，这两者的共同作用在实际中并不确定。

5.4.1.3　耕地特征

耕地特征包括耕地破碎度（地块数与家庭总耕地面积的比）、耕地质量、地形、地块平均面积和地貌。

耕地越破碎，所需投入的化肥、农药、劳动力和机械费用越多，产量越低，耕地利用生态集约化水平越低。耕地质量越好，所需投入的生产要素越少；而产量越高，耕地利用生态集约化水平越高。地貌特征越平坦或地块平均面积越大，越有利用于规模化种植，可大大节约投入要素，并提高产量，使得耕地利用生态集约化水平越高。地形越处于平原湖泊区或城郊地带，耕地质量一般越好且更平坦，耕地利用生态集约化水平越高。

5.4.1.4　收入状况

收入状况包括农业收入占总收入的比重、农业收入和打工收入。

农业收入占总收入的比重分为：（1）非农户。此比重越大，其他收入越低，用于购买耕地投入要素的费用越少，化肥、农药等投入要素投入越少，耕地利用生态集约化水平越高。（2）兼业户。与非农户类似。（3）纯农户。此比重越大，说明农户的专业性越强，越是更多地把精力花在耕地上，研究如何减少成本，提高农业技术，少施化肥、农药等，从而使耕地利用生态集约化水平越高。

农业收入越高，其他收入越低，非农户和兼业户耕地可用于购买农资物品的费用越少，耕地利用越非生态集约化，而纯农户农业收入越高，说明其专业化水平越高，投入的技术力量一般越大，对农业最大利润的追求更迫切，更多地会考虑如何最大限度地节约成本，使产量最大，从而实现耕地利用生态集约化；打工收入与农业收入影响相反。

5.4.1.5　市场条件

市场条件包括化肥价格上涨对化肥施用量的影响、农产品价格上涨对化肥施用量的影响、农药价格上涨对农药施用量的影响，三种全部为虚拟变量。

化肥、农药价格上涨对化肥、农药施用量的影响越大，则化肥、农药价格发生很小的变化，将引起化肥、农药施用量较大的波动，产量的波动也将越大，不利于实现耕地利用生态集约化。有机农产品价格上涨对化肥、农药施用量的影响越大，则有机农产品价格较小的上涨幅度，将会较大程度地降低化肥、农药的施用，更多地施用有机肥，耕地利用生态集约化水平越高。

5.4.1.6 农业技术掌握情况

农业技术掌握情况包括与其他村民相比的化肥的使用量、是否认为化肥是农业增产的主要因素、选择农药的依据、购买农药时是否根据作物病情向农技人员或销售者咨询、是否掌握好了农业技术、对测土配方施肥的接受程度。越是认为自己化肥用量一般的农户，越是更好地掌握了农业技术，则耕地利用生态集约化水平越高；越是认为化肥、农药是农业增产的主要因素，化肥、农药等耕地投入要素将投入越多，则耕地利用生态集约化水平越低；越是很好地掌握了农业技术的农户，化肥、农药等投入要素投入越低，则产量越高，耕地利用生态集约化水平越高。

5.4.1.7 环境保护意识

环境保护意识包括对农业面源污染的了解、过量施肥对土壤和环境的影响、是否愿意为保护环境少用农药、是否愿意休耕、是否愿意采用亲环境方式进行农业生产、如何提高群众参与环境管理的意识和水平、使用农药对土壤是否会产生不良影响、对使用完毕的废旧药瓶如何处理。除最后两项外，其他的答案若是肯定的，则耕地利用生态集约化程度越高。最后即"如何提高群众参与环境管理的意识和水平"一项，越是认为需要通过补贴而不是加强宣传或提高广大老百姓文化知识水平的，耕地利用生态集约化程度越低。例如，对使用完毕的废旧农药瓶的处理，如果选择扔到垃圾桶或回收后卖到废品站，而不是随意地扔到田间地头，则耕地利用越生态集约化。

5.4.1.8 农户对国家政策、制度因素的了解程度

这部分内容包括对《中华人民共和国环境保护法》的了解、对《农药安全使用规程》的了解程度、耕地的调整年限。除最后一项外，前面两项的答案若是肯定的，即对国家相关政策法规越了解，在施肥、施药时越能遵守正确的操作规则，也不会施用国家明令禁止的有毒有害农用化学品，则耕地越生态集约化。最后一项即耕地的调整年限，其时间越长，农户会越注重耕地的质量保护，往往会采取能保护或提高耕地质量

的耕种方法，如休耕、多施用农家肥或有机肥，采用人工除草的方法等保护耕地，从而可以实现耕地的可持续经营，而耕地质量得到提高后，产量也会得以提高，最终将使耕地利用生态集约化。

5.4.2 模型建立

根据5.4.1选取的自变量，自变量与因变量之间的关系可表示为：

$$Y = a_{i0} + a_{i1}X_{i1} + \ldots + a_{ij}X_{ij} + U_{ij} \qquad (5.2)$$

其中：Y为因变量，即耕地利用生态集约度，i为样本容量，$i = 1, 2, \cdots,$ 868，指调研的868名农户；a_{ij}为方程自变量系数，$j = 1, 2, \cdots, 40$；U_{ij}为残余项。

5.4.3 结果分析

5.4.3.1 各变量描述性统计分析

本书的数据来源于笔者及所带领的农业经济学本科生和硕士生于2021年暑期为期两个月对江西省农户进行的问卷调查。本次调研农户数为880户，涉及30个乡镇60个村，剔除信息不全的样本，有效样本量为868户，获得有效问卷868份（其中万年县120份，南昌县166份，新建县20份，星子县99份，湖口县110份，九江县11份，莲花县136份，萍乡市湘东区26份，兴国县178份）。表5-14和表5-15给出了本章节在实证分析中所用到变量的描述性统计特征。

表5-14　　　　　　粮食作物各变量的描述性统计分析

变量	非农户			兼业户			纯农户		
	样本数	平均值	标准差	样本数	平均值	标准差	样本数	平均值	标准差
Y	431	0.899	0.105	351	0.877	0.156	39	0.802	0.278
地形（dx_1）	431	0.415	0.493	351	0.370	0.484	39	0.205	0.409
地形（dx_2）	431	0.225	0.418	351	0.217	0.412	39	0.308	0.468

续表

变量	非农户			兼业户			纯农户		
	样本数	平均值	标准差	样本数	平均值	标准差	样本数	平均值	标准差
地形（dx$_3$）	431	0.225	0.418	351	0.188	0.391	39	0.359	0.486
性别（sex）	431	0.794	0.417	351	0.778	0.430	39	0.897	0.307
年龄（age）	431	56.046	11.605	351	55.704	10.842	39	51.872	12.146
文化程度（edu）	431	6.429	2.784	351	6.521	2.772	39	6.846	2.691
家庭劳动力人数（lab）	431	4.761	2.045	351	4.443	1.931	39	3.359	1.564
地貌（dm）	431	0.696	0.460	351	0.601	0.490	39	0.744	0.442
耕地质量（qua）	431	0.341	0.569	351	0.348	0.545	39	0.385	0.544
人均耕地面积（rjgd）	431	0.739	0.517	351	1.642	4.232	39	7.737	21.611
地块面积（kmj）	431	1.420	1.247	351	2.129	6.902	39	3.411	7.558
耕地破碎度（psd）	431	1.335	1.215	351	1.182	0.967	39	1.347	1.352
是否使用机械（jx）	431	0.937	0.243	351	0.917	0.276	39	0.872	0.339
农业收入占比（srzb）	431	0.045	0.026	351	0.270	0.207	39	0.967	0.032
农业收入（nysr）	431	4476.392	3308.067	351	24997.100	54934.600	39	198941.000	338866.800
打工收入（dgsr）	431	109879.400	113198.100	351	54711.740	42924.280	39	5226.316	14488.030
耕地产量比上年是否增长（clzz）	431	0.125	0.331	351	0.214	0.410	39	0.051	0.223
与其他村民相比，认为自己现在化肥的使用量是多是少？（hfyl$_1$）	431	0.114	0.318	351	0.191	0.394	39	0.179	0.389
与其他村民相比，认为自己现在化肥的使用量是多是少？（hfyl$_2$）	431	0.819	0.385	351	0.752	0.432	39	0.641	0.486
过量施肥对土壤与环境的影响（glsf）	431	0.425	0.495	351	0.427	0.495	39	0.462	0.505
测土配方接受度（ctpf）	431	0.552	0.498	351	0.533	0.500	39	0.487	0.506
农业增产的主要因素（nyzc）	431	0.383	0.487	351	0.473	0.500	39	0.282	0.456
化肥涨价的影响（hfzc）	431	0.169	0.376	351	0.171	0.377	39	0.231	0.427

续表

变量	非农户			兼业户			纯农户		
	样本数	平均值	标准差	样本数	平均值	标准差	样本数	平均值	标准差
农产品涨价的影响（ncpzc）	431	0.107	0.309	351	0.120	0.325	39	0.154	0.366
对环保法的了解（hbf）	431	0.125	0.331	351	0.117	0.322	39	0.179	0.389
耕地产权年限（tdnx）	431	26.550	8.989	351	26.100	12.103	39	29.897	16.505
休耕（xg）	431	0.490	0.500	351	0.501	0.501	39	0.410	0.498
农药对土壤的影响（$nytr_1$）	431	0.376	0.485	351	0.396	0.490	39	0.410	0.498
农药对土壤的影响（$nytr_2$）	431	0.550	0.498	351	0.544	0.499	39	0.487	0.506
农药减量使用意愿（nyjl）	431	0.705	0.456	351	0.715	0.452	39	0.744	0.442
施用农药的依据（nyyj）	431	0.531	0.500	351	0.470	0.500	39	0.385	0.493
施用农药前是否咨询（nyzx）	431	0.907	0.291	351	0.903	0.296	39	0.974	0.160
是否看农药说明书（nysm）	431	0.791	0.612	351	0.744	0.437	39	0.872	0.339
农药价格上涨对农药施用量的影响（nyzj）	431	0.139	0.347	351	0.174	0.379	39	0.205	0.409
农药安全使用规程（nyaq）	431	0.381	0.486	351	0.316	0.466	39	0.359	0.486
农药瓶回收方式（nyhs）	431	0.381	0.486	351	0.342	0.475	39	0.359	0.486
面源污染意识（mywr）	431	0.701	0.458	351	0.732	0.443	39	0.744	0.442
亲环境技术接受度（qhj）	431	0.903	0.297	351	0.909	0.288	39	0.949	0.223
您认为如何才能提高群众参与环境管理的意识和水平?（nhgl）	431	0.346	0.476	351	0.379	0.486	39	0.231	0.427
农业技术掌握情况（nyjs）	431	0.926	0.262	351	0.934	0.248	39	0.949	0.223

由于江西省粮食作物主要以水稻为主,其他如红薯、玉米等较少,但即使种植,基本也只能满足家庭食用,因此本部分粮食作物选取了在研究区广泛种植的早稻、一季晚稻和二季晚稻作为研究对象。三类农户种植粮食作物数量和占各自所属农户总数的比例如表5-15与图5-11所示。

表5-15　　　　　　　　　三类农户种植粮食作物情况

类别	总体		非农户		兼业户		纯农户	
总户数	868		458		367		43	
粮食作物	频数	比例	频数	比例	频数	比例	频数	比例
	835	96.20%	431	94.10%	361	98.37%	39	90.70%

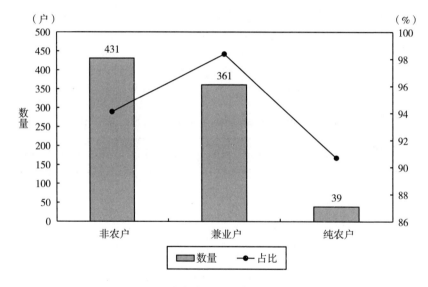

图5-11　三类农户种植粮食作物数量与占比

从表5-15可以看出,在受访的868户农户中,有835户种植了粮食作物,占比96.20%;在458户非农户中,有431户种植了粮食作物,占比94.10%;在367户兼业户中,有361户种植了粮食作物,占比98.37%;在43户纯农户中,有39户种植了粮食作物,占比90.70%。很明显兼业户种植粮食作物的比例高于非农户,这可归因于随着农业机会成本的不断上升,非农户长期在外地打工,当非农户在务农和打工发生冲突时,将放弃农业生产。而纯农户种植粮食作物的比例略低于前两者,主要原因是在调研过程中，笔者所到的萍乡市湘东，区土地流转非常成功，实现了大规模的水果种植（四户），而这些农户不种植粮食作物，只专心种植水果，由于纯农户总户数少，即基数较小，最终使纯农户种植粮食作物的比例低，在其他调研所在地，大规模种植水果的较少，大面积规模种植粮食作物的较多，最终导致纯农户粮食作物种植比例较其他两者低。

5.4.3.2　影响因素分析

使用逐步回归分析方法，运用 SPSS13.0，得到三类不同类型农户粮食作物耕地利用生态集约化的影响因素结果，具体如表 5 - 16 所示。

表 5 - 16　　　　不同类型农户耕地利用生态集约化影响因素分析结果

一级指标	二级指标	二级变量（字母表示）	纯农户	兼业户	非农户
	常数项		10.636 ***（13.937）	1.124 ***（34.969）	0.954 ***（30.684）
1. 农户个人特征	年龄	age			- 0.001 **（ - 2.140）
	文化程度	edu	0.079 ***（12.947）		
2. 家庭生产条件	家庭劳动力人数	lab	0.406 ***（15.533）		
	人均耕地面积	rjgd	0.033 ***（16.356）		
3. 耕地状况	地形	dx_3		- 0.126 ***（ - 5.648）	
	地貌	dm	2.635 ***（15.647）		
	质量	qua		0.053 ***（4.323）	0.023 ***（2.835）
	破碎度	psd		- 0.026 ***（ - 3.171）	
	地块平均面积	dkmj	0.071 ***（15.958）		

续表

一级指标	二级指标	二级变量（字母表示）	纯农户	兼业户	非农户
4. 收入状况	农业收入占比	srzb		-0.071 ** (-2.212)	0.050 *** (2.903)
	农业收入	nysr	1.58E-006 *** (8.953)		
	打工收入	dgsr	-2.28E-005 *** (-8.836)		
5. 市场条件	化肥价格上涨对化肥施用量的影响	hfzj	-0.152 *** (-5.024)		-0.047 *** (-3.598)
	农药价格上涨对农药施用量的影响	nyzj		-0.064 *** (-3.474)	0.033 ** (2.082)
6. 农业技术掌握情况	化肥用量与他人比适中	$hfyl_2$	0.451 *** (11.521)		
	选用农药的依据是其价格	nyyj	-0.192 *** (-5.424)		
	购买农药是否咨询	nyzx	1.542 *** (4.494)		
	农业技术掌握情况	nyjs			0.039 ** (2.332)
7. 环保意识	过量施肥的影响	glsf	0.118 ** (2.369)		
	农药对土壤的影响	$nytr_2$	-1.361 *** (-12.003)		
	少用农药意愿	nyjl	0.462 *** (10.911)		
	对面源污染的了解	mywr	1.309 *** (14.913)		
	休耕意愿	xg	0.162 *** (6.013)	0.027 ** (2.052)	
	农药瓶的处理	nyhs			0.030 *** (3.249)

续表

一级指标	二级指标	二级变量（字母表示）	纯农户	兼业户	非农户
8. 对国家政策法规的了解	对《农药使用安全规程》的了解	nyaq			0.018 ** (1.979)
	耕地产权年限	tdnx	0.066 *** (18.076)	-0.002 *** (-4.221)	
	F 统计量		15.846	26.312	15.903
	R²		0.684	0.662	0.506
	调整的 R²		0.468	0.438	0.256

注：*** 表示 1% 的显著水平，** 表示 5% 的显著水平，* 表示 10% 的显著水平。

（1）农户个体特征对耕地利用生态集约化的影响。

从表 5-16 可以看出，纯农户和非农户的个体特征对耕地利用生态集约化的影响是显著的，对兼业户不显著。其中纯农户的文化程度对耕地利用生态集约化的影响显著为正，这表明文化程度越高的纯农户，耕地利用可持续化程度越高，这一结果与假设一致，也和皮卡佐·塔德奥等（Picazo-Tadeo et al.，2011）、伊奥尔戈斯·加达纳基斯等（Yiorgos Gadanakis et al.，2015）学者的相关研究结果相符，他们在研究农业生态集约化时，都选取了文化程度作为变量，分析得出文化程度与耕地利用生态集约化是正相关关系。非农户的年龄对耕地利用生态集约化的影响显著，非农户的年龄越大，耕地利用可持续化程度越低，在非农户家庭，16～59 岁的中壮年人口占比最大，而非农户家庭的文化程度出现初中与中专及高等学历均占比高的两极端现象，在实际生活中，较多的初中文化毕业的青壮年离家外出打工，以及中专及高等学历的人，由于学历较高，在外就业机会较多，往往并不留在家中务农，导致留在家中务农的大多是 60 岁以上的老年人或妇女，他们一般是为了满足自家口粮而进行农业生产，而不是为了盈利或增加家庭的总收入，农户可能会精耕细作，投入更多的劳动、化肥等生产要素，从而提高耕地利用集约度；而他们往往农业技术水平不高，生产效率相对低下，产出较低，最终导致耕地利用生态集约化水平较低。

（2）家庭生产条件对耕地利用生态集约化的影响。

从表5-16可以看出，对于纯农户，家庭生产条件对耕地利用生态集约化的影响显著，对兼业户和非农户影响不显著。其中，人均耕地面积和家庭劳动力数对耕地利用生态集约化影响显著为正，这一结果与假设一致。以农业生产为主的纯农户来说，其追求的是生产利润最大化。人均耕地面积越大，耕地利用生态集约化水平越高，主要原因有四个方面：一是在实际调研中，大部分纯农户的耕地是通过租入而获得，而租入的耕地，往往平坦、肥沃、耕作半径小且能连成片，这为减少投入要素提供了条件（Yansui L. et al.，2020；李海鹏，2007），也为现代化机械设备的使用奠定了基础；二是纯农户往往聘请了专业技术人员进行指导，实施精准施肥、施药，这进一步降低了耕地投入要素的投入，且保护了耕地环境；三是纯农户往往注重在休耕期间实施一些有利于提高耕地质量的措施，如向耕地中洒红花籽等，这为耕地可持续利用提供了条件；四是前述三项的实施使纯农户单位面积产出大大提高，这些促使纯农户投入少、产出高，同时带给耕地环境的负面作用小，最终使耕地利用生态集约化水平较高。在实际调研中，纯农户一般有75%以上的家庭劳动力均参与了农业生产，随着纯农户劳动力数量的增多和素质的提高，农户会把更多的资本投入农业产业中，用于扩大生产规模，租入更多更好的耕地，聘请更专业的技术人员。而随着家庭年轻劳动力的注入，尤其是受过高等教育家庭成员的加入，新鲜的生产、经营、环保、国家法律法规知识一并注入，如新的高效生物农药的使用，与大的农产品加工企业签订生产购销合同等，将使农业投入减少更快、产量增加更快、销售价格更稳定等，从而提高耕地利用生态集约化水平。

（3）耕地状况对耕地利用生态集约化的影响。

从表5-16可以看出，对于三类农户来说，耕地状况对耕地利用生态集约化影响均显著，这说明耕地状况是耕地利用生态集约化的重要影响因素。其中，对于纯农户，耕地地貌、地块平均面积对耕地利用生态集约化的影响显著为正；对于兼业户，耕地地形、质量和破碎度对耕地利用生态集约化影响显著，地形显著为负，破碎度显著为负，质量显著为正；耕地质量对非农户影响显著为正，均与假设一致。对于纯农户，耕地越平坦，地块平均面积越大，越有利于实现现代化农业生产，投入低、产出高，对环境负面影响越小，其耕地利用生态集约化水平越高；对于兼业户，地形对因变量影响显著为负，表示越是丘陵山地区，耕地利用越非生态集约化。平原湖泊区、城郊区大多耕地平坦，易于进行农业生产。而丘陵山地区，一是海拔高、气温低、产量较低；二是耕地破碎且土地贫瘠，不利于现代化农业生产，且需投入较多的生产要素。这两者导致了耕地利用生态集约化水平低。

从表5－16可以看出，耕地破碎度对三类农户耕地利用生态集约化的影响显著为负，即耕地越破碎，越非生态集约化，这与常识相符。对于兼业户和非农户，质量显著为正，说明耕地质量越好，为了获得与他人相同的产出，需要投入的生产要素就越低，同时越少的投入对耕地环境的破坏越小，其生态集约化程度越高，这与花晓波（2014）的研究结论一致，即质量较差的地块会率先被撂荒，或较粗放地利用，耕地越非生态集约化。因此，江西省作为我国农业大省，应该提高平原湖泊区、城郊地势较为平坦地区的耕地利用率，而在丘陵山地区应更多地实施轮耕休耕，以防止水土流失，保护耕地环境，并采取有效措施提高耕地质量，最终提高江西省耕地利用生态集约化水平。

（4）农户收入对耕地利用生态集约化的影响。

从表5－16可以看出，对三类农户来说，农户收入对耕地利用生态集约化的影响均显著，这意味着收入对于农户耕地利用生态集约化扮演着非常重要的角色。对于纯农户来说，农业收入对耕地利用生态集约化的影响显著为正，打工收入对其影响显著为负；对兼业户来说，农业收入占比对耕地利用生态集约化的影响显著为负；而对非农户来说，农业收入占比对耕地利用生态集约化的影响显著为正。与假设一致。

对于纯农户来说，农业收入对耕地利用生态集约化的影响显著为正，这主要是因为作为以农业生产为主，以追求利润最大化为目标的纯农户来说，农业收入提高，必将大大激励其增加对农业生产的资本投入，租入更多耕地、聘请专业技术人员指导、积极寻找销售合作伙伴，以最低的成本，谋求最大的收益，也即实现最少的生产要素的投入，获得最大的产出收益，从而实现耕地利用生态集约化。打工收入对其影响显著为负，这主要是因为纯农户家庭中超过75%的成员在从事农业生产，而另外的25%可能选择外出打工，如果打工收入较高，则会刺激以利润最大化的纯农户弃农，转向外出打工，这将加重耕地利用的非生态集约化。

对兼业户来说，农业收入占比对耕地利用生态集约化的影响显著为负，这主要是因为兼业户农业生产的主要目的是满足自家需求，他们往往在家附近打零工。如果农业收入占比提高，在其他条件不变的情况下，越能满足自家需求，甚至需求剩余，再加上打工工资的不断增长，农户将花更多的时间和精力在外务工赚钱，这将加重兼业户耕地粗放利用或撂荒的现象，从而使耕地利用越非生态集约化。

对非农户来说，农业收入占比对耕地利用生态集约化的影响显著为正，可能的原因在于非农户家庭务工比例高达58%。大多数长期在外打工，过年过节回家，妇女和老人在家务农，还有一部分农闲时在本地打零工，农忙时在家进行农业生产，其农业生产的目的一是满足口粮，二是能销售出去获取农业收入。随着农业收入占比的增大，特别是对那些在本地打零工的非农户，将刺激这部分人农业生产的积极性，投入更多的资金和精力到农业生产中，寻求更好的农业技术支持，以更低的成本追求更大的收入。从而使耕地利用生态集约化水平得到提高。

（5）市场条件对耕地利用生态集约化的影响。

从表5-16可以看出，对三类农户来说，市场条件对耕地利用生态集约化的影响均显著，这验证了微观经济学中的价格中心理论。其中，化肥价格的上涨对纯农户、非农户影响显著为负；农药涨价对兼业户和非农户显著为负，这与假设一致。化肥价格的上涨将显著地减少纯农户和非农户化肥用量，对于追求最大利润的纯农户来说，化肥价格上涨，一是将增加其成本，进一步降低其利润，削减其生产积极性，降低对耕地的投入；二是若此趋势长期下去，纯农户可能会改变生产结构，转而从事其他的农业生产活动，这将严重影响纯农户的粮食种植，如缩小种植规模，不再租入耕地（在实际调研中发现，农户租种耕地往往采取一年一签的形式，而出租耕地的家庭往往存在家庭劳动力不足，进行导致耕种困难，一旦不再租入，这部分耕地很可能被撂荒），这将严重影响耕地利用生态集约化。非农户种植粮食的目的一般是为满足自家口粮，由于化肥的施用将较大程度地影响粮食产量，如果化肥短期涨价，非农户依然会像未涨价前一样进行投入，但若化肥涨价成为长期趋势，在务农机会成本不断上升的背景下，农民会减少化肥投入水平，最终可能放弃农业生产，转而向市场购买，耕地粗放利用或撂荒，最终导致耕地利用非生态集约化。

对兼业户与非农户来说，农药涨价对耕地利用生态集约化的影响显著为负。在实际调研中，粮食作物近年来受病虫害影响越来越严重，农药价格也呈逐年上升趋势，兼业户与非农户普遍反映买不起农药，种粮食亏本，再加上农户农业技术普遍不高，这些都将大大增加农业生产成本；而兼业户和非农户主要以务工收入为主，其种植粮食主要是满足自家需求，因此他们必将减少农药的用量。种植粮食成本的上升和务农机会成本的上升，共同推动了兼业户和非农户粗放利用耕地或撂荒，最终导致耕地利用非生态集约化。

（6）农业技术对耕地利用生态集约化的影响。

从表5–16可以看出，对纯农户和非农户来说，农业技术对耕地利用生态集约化的影响显著。对纯农户来说，"化肥用量与他人比，不多不少，适中"与"购买农药咨询农技人员或销售者"对耕地利用生态集约化的影响显著为正，"选用农药的依据为农药价格"显著为负。

对于纯农户，"化肥用量与他人比适中"对耕地利用生态集约化影响显著为正，越是主观认为自己使用化肥量不多不少的农户，越是能促进耕地利用生态集约化。这类农户往往比较自信，农业生产经验也较丰富，农业技术掌握较好，单位面积产量较高，有利于实现耕地利用生态集约化。

"选用农药的依据为农药价格"对耕地利用生态集约化影响显著为负，即越是依据农药价格来选择农药品种和用量，而不是依据使用的农药对环境的影响和治疗病虫害的效果，则对耕地造成的环境压力越大，从而使耕地利用非生态集约化。

"购买农药咨询农技人员或销售者"对耕地利用生态集约化的影响显著为正，即农户在购买农药时是否根据作物病情向农技人员或销售者咨询，能更好地掌握针对不同的病虫害，购买最佳的农药品种，以及农药的施打方式、用量及施打部位，落实精准施药，这就可以充分地节约农药使用量，从而更好地保护作物，提高产量，最终实现耕地利用生态集约化。

对于非农户，"认为农业技术掌握较好"对耕地利用生态集约化影响显著为正。越是那些经验丰富的老农户，他们无论是在预防病虫害方面，还是在精准施肥、施药方面都比较擅长，因此可有效防范病虫害，并减少生产中生产要素的投入，而且又能收到更好的效果，产量也较高，从而推动耕地利用生态集约化。

（7）农户环保意识对耕地利用生态集约化的影响。

环保意识对三类农户影响均显著，可见，农户的思想观念、认识水平对耕地利用生态集约化有重大影响。在现实中，可以通过加强宣传、教育等来改变农户的认识水平和思想观念，从而影响其农业生产决策和行为，最终改变现有耕地利用非生态集约化的状况。其中，对于纯农户，过量施肥对土壤的影响程度的了解、愿意少用农药的意愿、对面源污染的了解程度和休耕意愿对耕地利用生态集约化影响显著为正，对农药对土壤的影响程度的了解对耕地利用生态集约化影响显著为负；对兼业户，休耕意愿对耕地利用生态集约化影响显著为正；对非农户，对农药瓶回收处理态度对耕地利用生态集约化影响显著为正。

对于纯农户，过量施肥对土壤影响程度的了解对耕地利用生态集约化影响显著为正。农户认为过量施肥对土壤及环境的影响较大，会在施肥中尽量减少化肥用量，或使用环保型的化肥，如使用农家肥、有机肥等，并会在休耕时节实施一些提高耕地地力的措施，从而减少环境破坏，并提高产量，最终实现生态集约化。

少用农药意愿对耕地利用生态集约化的影响显著为正，即越是愿意为保护环境减少农药使用量，则耕地利用生态集约化水平越高。

对农业面源污染的了解与耕地利用生态集约化显著为正，即农户主观上意识到了化肥、农药等的施用会造成土壤污染、板结、盐碱化，耕地质量下降，则会减少这些农用化学品的使用，有意识地采取其他可替代的方法来提高产量，从而实现耕地利用生态集约化。

休耕意愿对耕地利用生态集约化的影响显著为正。此处是笔者在调研时做的主观访问，若农户选择愿意休耕，说明农户环境保护意识较强，有利于耕地肥力的恢复；而选择有意识休耕，将进一步提高耕地质量，促进产量增加。最终提高耕地利用生态集约化程度。

农户所持的农药对土壤的影响态度与耕地利用生态集约化的关系显著为负，即越是认为农药的施用对土壤影响一般的农户，耕地利用越非生态集约化。持此观点的农户认为农药对土壤的影响不大，这样的农户往往农业技术掌握较差，农业生产水平较低，文化教育水平不高，在粮食作物出现病虫害时，只会过量施打农药。这一举措虽然提高了生产成本，但是对环境有破坏，且产量并不比其他农户高，或更低。因此，说明该耕地利用非生态集约化。

对于兼业户，休耕态度对耕地利用生态集约化的影响显著为正，此处的解释适用纯农户休耕的相关解释。

对于非农户，对农药瓶进行回收处理对耕地利用生态集约化的影响显著为正，即农户选择将使用完毕的废旧药瓶回收，而不是扔到田间地头，此作法有利于减少农药残留物对耕地土壤和水体的破坏，从而保护耕地环境，有利于实现耕地利用生态集约化。

（8）对国家政策法规的了解对耕地利用生态集约化的影响。

从表 5-15 可以看出，对三类农户来说，国家政策法规对耕地利用生态集约化的影响都显著，这意味着在粮食作物生产中，国家政策法规的了解有利于实现耕地利用生态集约化。在实践中，有关部门可通过宣传、宣讲有关国家政策法规，如在每个村中建设广播站，定时播放国家政策法规等。其中，耕地产权年限对纯农户影响显著为正，对兼业户影响显著为负；对农药安全使用规程的了解对非农户影响显著为正。

对于纯农户，农户拥有的耕地的产权年限越长，农户越会好好地保护耕地，想方设法提高耕地质量，甚至修建较好的水利灌溉设施等，将以较少的生产要素的投入，获得较大的产出，实现耕地利用生态集约化。

对于非农户，对农药安全使用规程的了解程度越高，耕地越生态集约化。农药安全使用规程中明确规定了药液配制方法和要求、施药时间、施药过程注意事项等，可有效提高农药的吸收率及农药的使用效果，既节约成本、保护环境，又可保证产量，实现耕地利用生态集约化。

5.5 经济作物耕地利用生态集约化的影响因素分析

5.5.1 变量选取与模型建立

变量选取见 5.4.1 节；模型建立与 5.4.2 节相同。

5.5.2 结果分析

5.5.2.1 各变量描述性统计分析

获得有效问卷 868 份（其中万年县 120 份，南昌县 166 份，新建县 20 份，星子县 99 份，湖口县 110 份，九江县 11 份，莲花县 136 份，萍乡市湘东区 26 份，兴国县 178 份）。表 5-17 和表 5-18 给出了本章节在实证分析中所用到变量的描述性统计特征。

表 5-17　　　　　　　　经济作物各变量的描述性统计特征

变量	非农户			兼业户			纯农户		
	样本数	平均值	标准差	样本数	平均值	标准差	样本数	平均值	标准差
Y	233	0.819	0.144	183	0.898	0.107	18	0.872	0.240
地形（dx_1）	233	0.515	0.501	183	0.459	0.500	18	0.389	0.502
地形（dx_2）	233	0.202	0.402	183	0.093	0.291	18	0.167	0.383
地形（dx_3）	233	0.030	0.171	183	0.049	0.217	18	0.056	0.236
性别（sex）	233	0.781	0.414	183	0.765	0.425	18	0.778	0.428
年龄（age）	233	56.176	11.594	183	55.311	11.597	18	53.278	11.018
文化程度（edu）	233	6.541	2.878	183	6.825	3.026	18	7.389	2.789
家庭劳动力人数（lab）	233	4.794	1.916	183	4.306	1.793	18	3.722	1.674
地貌（dm）	233	0.644	0.480	183	0.503	0.501	18	0.833	0.383
耕地质量（qua）	233	0.369	0.603	183	0.437	0.509	18	0.500	0.516

续表

变量	非农户			兼业户			纯农户		
	样本数	平均值	标准差	样本数	平均值	标准差	样本数	平均值	标准差
人均耕地面积（rjgd）	233	0.796	0.463	183	2.040	5.703	18	10.983	27.999
地块面积（dkmj）	233	1.763	1.414	183	2.944	9.438	18	11.440	35.077
耕地破碎度（psd）	233	0.934	0.785	183	1.017	0.860	18	0.674	0.461
是否使用机械（jx）	233	0.455	0.499	183	0.426	0.496	18	0.222	0.428
农业收入占比（srzb）	233	0.047	0.026	183	0.289	0.215	18	0.972	0.032
农业收入（nysr）	233	4711	3426	183	30953	63625	18	997390	3161908
打工收入（dgsr）	233	111709	125391	183	55498	44901	18	2811	8254
耕地产量比上年是否增长（clzz）	233	0.116	0.321	183	0.169	0.376	18	0.111	0.323
与其他村民相比，认为自己现在化肥的使用量是多是少？（$hfyl_1$）	233	0.155	0.362	183	0.224	0.418	18	0.167	0.383
与其他村民相比，认为自己现在化肥的使用量是多是少？（$hfyl_2$）	233	0.790	0.408	183	0.716	0.452	18	0.611	0.502
过量施肥对土壤与环境的影响（glsf）	233	0.476	0.501	183	0.421	0.495	18	0.389	0.502
测土配方接受度（ctpf）	233	0.532	0.500	183	0.530	0.500	18	0.500	0.514
农业增产的主要因素（nyzc）	233	0.300	0.459	183	0.404	0.492	18	0.222	0.428
化肥涨价的影响（hfzc）	233	0.133	0.340	183	0.115	0.320	18	0.222	0.428
农产品涨价的影响（ncpzc）	233	0.116	0.321	183	0.093	0.291	18	0.333	0.485
对环保法的了解（hbf）	233	0.133	0.340	183	0.120	0.326	18	0.167	0.383

续表

变量	非农户			兼业户			纯农户		
	样本数	平均值	标准差	样本数	平均值	标准差	样本数	平均值	标准差
耕地产权年限（tdnx）	233	28.030	7.465	183	27.978	12.073	18	33.333	22.630
休耕（xg）	233	0.464	0.500	183	0.557	0.498	18	0.444	0.511
农药对土壤的影响（$nytr_1$）	233	0.361	0.481	183	0.393	0.490	18	0.556	0.511
农药对土壤的影响（$nytr_2$）	233	0.601	0.491	183	0.601	0.491	18	0.389	0.502
农药减量使用意愿（nyj_1）	233	0.682	0.467	183	0.727	0.447	18	0.889	0.323
施用农药的依据（nyyj）	233	0.571	0.496	183	0.519	0.501	18	0.333	0.485
施用农药前是否咨询（nyzx）	233	0.906	0.293	183	0.945	0.228	18	0.944	0.236
是否看农药说明书（nysm）	233	0.798	0.402	183	0.781	0.414	18	0.722	0.461
农药价格上涨对农药施用量的影响（nyzj）	233	0.107	0.310	183	0.115	0.320	18	0.222	0.428
农药安全使用规程（nyaq）	233	0.395	0.490	183	0.350	0.478	18	0.556	0.511
农药瓶回收方式（nyhs）	233	0.408	0.492	183	0.383	0.487	18	0.556	0.511
面源污染意识（mywr）	233	0.751	0.433	183	0.798	0.403	18	0.889	0.323
亲环境技术接受度（qhj）	233	0.918	0.274	183	0.929	0.258	18	1.000	0.000
您认为如何才能提高群众参与环境管理的意识和水平？（nhgl）	233	0.343	0.476	183	0.290	0.455	18	0.111	0.323
农业技术掌握情况（nyjs）	233	0.944	0.230	183	0.940	0.238	18	0.944	0.236

由于江西省经济作物主要以油菜（油类）、棉花（纤维类）、蔬菜、油茶（油类）和水果为主，因此本书选取以上五种作物为研究对象。

三类农户种植经济作物数量和占各自所属农户总数的比例如表 5 – 18 和图 5 – 12 所示。

表 5 – 18　　　　　　　　　三类农户种植经济作物情况

类别	总体		非农户		兼业户		纯农户	
总户数	868		458		367		43	
经济作物	频数	比例	频数	比例	频数	比例	频数	比例
	434	50.00%	233	50.87%	183	49.86%	18	41.86%

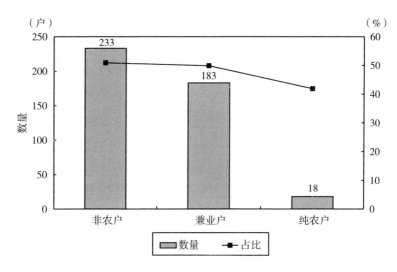

图 5 – 12　三类农户种植经济作物数量与占比

从表 5 – 18 及图 5 – 12 可以看出，在受访的 868 户农户中，有 434 户农户种植了经济作物，占比 50.00%。经济作物种植比例并不高，原因有两个：一是在调研中，有较多的农户种植了小面积的花生、蔬菜等，这些完全是为了自家口粮，如蔬菜种植面积大多在 0.1～0.5 亩，笔者未将这部分计入；二是粮食是每个家庭每天必须消费的，大多兼业户和非农户是为了自家需求而种植，而经济作物只是少量消费，完全可以通过购买。因此，有较多的兼业户和非农户并不种植，纯农户中有些只规模种植粮食作物，经济作物并不种植。最终导致了经济作物种植占比不高的现象。

在458户非农户中，有233户种植了经济作物，占比50.87%；在367户兼业户中，183户种植了经济作物，占比49.86%；在43户纯农户中，18户种植了经济作物，占比41.86%。很明显兼业户种植经济作物的比例低于非农户，而纯农户种植经济作物的比例略低于前两者。主要原因是在调研过程中，笔者所到萍乡市湘东区麻山镇幸福村，土地流转非常成功，实现了大规模的水果种植（四户），种水果的有浙江的大老板，也有本地的懂技术的劳动能手，而这些农户不种植粮食作物，只专心种植水果，如葡萄、无花果、火龙果和莲子等，已经形成了一定的产业链，由于纯农户总户数少，在其他调研所在地，大规模种植水果的较少，大面积规模种植粮食作物的较多，再加上基数较小，最终导致纯农户经济作物种植比例较其他两者低。

5.5.2.2 影响因素分析

运用SPSS13.0，通过逐步回归分析，得到不同类型农户经济作物耕地利用生态集约化的影响因素分析结果，具体如表5-19所示。

表5-19   不同类型农户耕地利用生态集约化影响因素分析结果

一级指标	二级指标	二级变量（字母表示）	纯农户	兼业户	非农户
	常数项		0.547*** (6.443)	0.839*** (22.072)	0.827*** (16.333)
1. 农户个人特征	年龄	age			0.002** (2.531)
	性别	sex			0.035** (2.192)
2. 家庭生产条件	人均耕地面积	rjgd	0.070*** (10.013)		
	是否使用机械	jx		-0.033** (-2.101)	

续表

一级指标	二级指标	二级变量（字母表示）	纯农户	兼业户	非农户
3. 耕地状况	地形	dx_2		0.061 ** (2.243)	
	地貌	dm			− 0.055 *** (− 2.690)
	质量	qua			0.035 ** (2.168)
	破碎度	psd	− 0.003 *** (− 4.359)		
4. 收入状况	农业收入占比	srzb	0.263 ** (3.160)		
	农业收入	nysr	1.62E − 007 *** (10.457)		
5. 市场条件	农药价格上涨对农药施用量的影响	nyzj			− 0.072 (− 2.223)
	农产品价格上涨对化肥施用量的影响	ncpzj			0.092 *** (2.966)
6. 农业技术掌握情况	化肥、农药是增产的主要因素	nyzc	− 0.090 *** (− 16.038)		
	测土配方接受度	ctpf		0.026 ** (1.674)	
	使用农药是否看说明书	nysm		0.034 ** (1.797)	
	选用农药的依据是其价格	nyyj			− 0.063 *** (− 3.314)
	购买农药是否咨询	nyzx	1.195 *** (36.073)		
	农业技术掌握情况	nyjs	0.411 *** (44.758)	0.071 ** (2.154)	

续表

一级指标	二级指标	二级变量（字母表示）	纯农户	兼业户	非农户
7. 环保意识	对面源污染的了解	mywr	−0.988*** (−74.004)	−0.049** (−2.476)	
	您认为如何才能提高群众参与环境管理的意识和水平？	nhgl	−0.976*** (−106.103)		
	F 统计量		1703.946	4.015	6.103
	R²		1.000	0.319	0.419
	调整的 R²		1.000	0.102	0.172

注：*** 表示 1% 的显著水平，** 表示 5% 的显著水平，* 表示 10% 的显著水平。

（1）农户个人特征对耕地利用生态集约化的影响。

农户个人特征对非农户影响显著为正，对纯农户和兼业户影响不显著。其中年龄、性别影响显著为正，与假设一致。

非农户年龄越大，耕地利用生态集约化水平越高。伊奥尔戈斯·加达纳基斯等（Yiorgos Gadanakis et al.，2015）认为，农户年龄越大，相关的农业技术和管理技能越能得以更好地改进和提高，所积累的农业生产经验越丰富，它能积极地影响耕地利用生态集约化水平。

性别对耕地利用生态集约化的影响显著为正，即在农业生产中，男性对耕地利用生态集约化产生积极影响。在实地调研中，调研人员都会先与家庭中的夫妻进行交流，确定谁是家庭中的务农主要劳动力，再对其进行调查。在调研中，接受调研的非农户中男性占比 77%，男性在农业生产中占主导地位，是农业生产的主体，一般对农业生产过程非常清楚，较熟练地掌握了农业技术，女性更多地在家操持家务，大多不懂农业生产，如农药、化肥施打多少，具体何时进行施打等。

（2）家庭生产条件对耕地利用生态集约化的影响。

家庭生产条件对纯农户和兼业户耕地利用生态集约化影响显著。其中，人均耕地面积对纯农户影响显著为正，农业中使用机械对兼业户影响显著为负。与假设一致。

在实际调研中，种植经济作物的纯农户均承包了较多的连片耕地，实施了较大规模生产，并且希望能租入更多的耕地，以扩大生产，他们的收益随着规模的扩大将进一步增加，经典的经济学理论认为当生产处于规模效益递增阶段时，规模越大，越能实现以最小的成本获得最大的利润，积极地影响耕地利用生态集约化水平。

兼业户在农业生产中使用机械对耕地利用生态集约化产生消极影响。由于兼业户往往耕地地块数较多，耕地破碎，且零散地分布于平地、山坡、洼地，对于实施机械化生产并不利，往往花费较多费用，并不能有效地提高产量，不利于耕地利用生态集约化。

（3）耕地状况对耕地利用生态集约化的影响。

耕地状况对三类农户影响均显著。其中，破碎度对纯农户影响显著为负，地形（耕地处于城郊 =1，其他 =0）对兼业户影响显著为正，耕地质量对非农户影响显著为正，前述几项均与假设一致。地貌（平坦 =1，其他 =0）对非农户影响显著为负，与假设不符。

对于纯农户，耕地破碎度越大，越不利于现代化农业生产，耗费的劳动力资源、化肥、农药等将越多，耕地越非生态集约化。

对于兼业户，耕地越是处于城郊，耕地利用越生态集约化。在城郊，一般地势较为平坦和肥沃，生产要素的价格（如化肥、农药）较为便宜，农产品需求量大，售卖价格较高，积极地推进了耕地利用生态集约化。

对于非农户，耕地肥沃、耕作半径小有利于节省生产要素的投入，对耕地利用生态集约化有积极影响。地貌（平坦 =1，其他 =0）对非农户影响显著为负，与假设不符，原因可能是在调研中咨询方式不正确，抑或是非农户没有如实回答。

（4）农户收入对耕地利用生态集约化的影响。

收入对纯农户影响显著，其中，农业收入占比与农业收入对耕地利用生态集约化影响显著为正。种植经济作物的纯农户为 18 户，占纯农户的 42%，经济作物收益普遍较好，其收益较高，农户倾向于种植经济作物。在 18 户种植经济作物的纯农户中，有 4 户地处萍乡麻山镇，这里耕地肥沃、地势平坦，有利于实施现代化农业生产，对耕地利用生态集约化产生积极影响；而其他 14 户大部分位于赣南丘陵山地区，大多种植脐橙，这里耕地较为贫瘠、处于山坡，不利于机械化生产，往往要花费大量的劳动力，水土流失较为严重，若经济作物收益提高，为了获得更高的产出，农户往往要投入几倍的生产要素，这对耕地利用生态集约化具有消极影响；由于4户种植经济作物的纯农户耕地面积较大，他们的面积总和（660亩）远远大于其他14户农户种植面积（36.5亩），积极影响抵消了消极影响。最终耕地利用生态集约化。

（5）市场条件对耕地利用生态集约化的影响。

市场条件对非农户耕地利用生态集约化影响显著。其中，农药涨价对非农户耕地利用生态集约化影响显著为负，农产品价格上涨对其影响显著为正。与假设一致。非农户主要以务工收入为主，种植经济作物主要是满足自家需求（如蔬菜、油菜、棉花等），农药价格上涨将使原本使用农药量少的非农户减少或不用农药，转而向市场购买农产品，这些将推动农户粗放利用耕地或撂荒，最终导致耕地利用非生态集约化。农产品价格上涨，一方面，非农户将减少对其市场购买品种和购买量，转而扩大经济作物的种植规模，投入更多的生产要素，并想方设法提高其产量，以满足自家需求；另一方面，如果经济作物产成品价格上涨超过预期，非农户有可能重新选择务农。这两者都将对耕地利用生态集约化产生积极影响。

（6）农业技术对耕地利用生态集约化的影响。

农业技术对三类农户影响均显著，与假设一致。这说明农业技术对经济作物耕地利用生态集约化产生重大影响，因此，若要提高江西省经济作物耕地利用生态集约化，可以从提高农户的农业技术着手，如通过村广播站进行广泛的宣传，或开设有地区针对性的经济作物种植技术培训班等。

认为自己较好掌握农业技术对纯农户和非农户有显著的正向影响，即农业技术掌握情况越好，耕地利用生态集约化水平越高。农户在种植经济作物时农业技术掌握得越好，越能实施精准施肥、施药，有效节约成本，降低农用化学品对耕地的污染，提高产量，从而实现耕地利用生态集约化。

"认为化肥、农药是农作物增产的首要因素"对纯农户影响显著为负。如果农户认为农业增产的首要因素是农药，就会盲目地使用农药，从而加大农药使用量，使耕地质量下降、环境恶化、产量降低，最终导致耕地利用非生态集约化。

"购买农药会咨询农技人员或销售人员"对纯农户影响显著为正，即农户在购买农药时是否根据作物病情向农技人员或销售者咨询，能更好地掌握针对不同的病虫害，购买最佳的农药品种，以及农药的施打方式、用量及施打部位，这就可以充分节约农药，从而更好地保护作物，提高产量，最终实现耕地利用生态集约化。

"愿意接受测土配方技术"和"使用农药前会看说明书"对兼业户影响显著为正。测土配方有利于根据不同的耕地，施用最佳肥料种类和数量，可大大节约化肥用量，并可最大限度地满足耕地所需要的营养，进一步提高耕地的产量，最终实现耕地利用生态集约化。使用农药前仔细阅读说明书，能更好地掌握农药的具体情况，如性质、用量、准确施打方式和施打位置以减少用量，更好地杀灭害虫，或治疗疾病，从而保护环境，并能提高产量，最终实现耕地利用生态集约化。

"选用农药的依据是农药的价格"对非农户影响显著为负，即越是依据农药价格来选择农药品种和用量，而不是依据使用的农药对环境的影响和治疗病虫害的效果，则使用效果越大打折扣，产量降低，耕地利用非生态集约化。

（7）农户环保意识对耕地利用生态集约化的影响。

环保意识对纯农户和兼业户影响显著。其中"您认为如何才能提高群众参与环境管理的意识和水平？给予补贴＝1，宣传或提高农户的文化知识水平＝0"对纯农户影响显著为负，与假设一致。如果越认为给予农业补贴而不是对在农村进行环境保护的宣传或普遍提高农户的文化知识水平，则耕地越非生态集约化。这主要是因为要提高农户的环保意识，最重要的还是要进行广泛的宣传，以及提高劳动者的文化知识水平，一味地给予农业补贴，并不能很好地实现耕地利用生态集约化。在调研中，农户希望给予补贴，这能较大程度地刺激农户农业生产的积极性，但如果能将补贴、宣传与农户的文化水平结合起来，对实现耕地利用生态集约化将产生更为积极的影响。环保意识中，对面源污染的了解程度对纯农户和兼业户影响显著为负，此处与假设及事实不符，造成其原因有可能是在调研时访问方式有所欠缺，或模型尚存在不足。

（8）国家政策法规对耕地利用生态集约化的影响。

对国家政策法规的了解程度对三类农户耕地利用生态集约化的影响均不显著，原因类似于粮食作物相应部分。

5.6 结 论

笔者利用 2021 年暑期两个月对江西省 30 个乡镇 60 个村的 868 个农户调研样本数据，对粮食、经济作物农户差异进行了分析。在此基础上，对江西省耕地利用生态集约化进行了测度。另外，笔者基于农户尺度，对江西省粮食、经济作物耕地利用生态集约化的影响因素进行了研究。通过该研究，笔者得到的主要结论如下：

（1）投入产出要素农户差异。首先，总体来说，两类作物、三类农户在 4 种投入要素中，均是劳动力费用最高，是其他 3 种投入要素的 2～10 倍，且 3 种投入要素相差不大。其次，经济作物的劳动力费用远远超过粮食作物，接近于 2 倍。其中最重要的原因是，经济作物病虫害较多，经济作物所耗费的劳动力较粮食作物多，且生长期短，往往种一季粮食作物，经济作物已经收割几季，这更增加了经济作物的劳动力消耗；粮食作物的机械费用却远远超过经济作物，接近于 2 倍，粮食作物一般是大面积种植，地势较为平坦，且由于粮食作物的特性，在收割时有利于大规模机械操作，最终导致了经济作物劳动力费用较高、机械费用较低的结果。最后，就三类农户投入的各种要素来说，纯农户人均耕地面积，是非农户和兼业户的 6～18 倍，产值最高，而化肥、农药、劳动力和机械纯农户投入都是最低的。这说明了纯农户在进行规模种植时，能产生规模效应，既可以节约各种投入要素，又可以大大提高产量，因此，规模经营有利于耕地实现生态集约化。江西省作为我国农业大省，应大力推广适度规模化种植，相关部门应该采取相关措施积极推动农业适度规模化生产。兼业户在所有投入要素中，除农药外，都较非农户投入要高，而产值却只较非农户稍高一点。

（2）在江西省耕地利用生态集约化的类型差异方面，首先，纯农户耕地利用生态集约化水平最高，且是非农户与兼业户的数十倍，说明规模经营有利于江西省耕地利用生态集约化，江西省处于规模效益递增阶段。随着国家农机购置补贴政策的出台有效促进了江西省农业机械装备水平的提高，促进了江西省纯农户机械使用效率，为提高耕地利用生态集约化产生了积极影响。江西省应采取积极措施进一步扩大惠农政策项目，并促进耕地流转，实现作为农业大省的江西省大范围的农业现代化规模生产，实现耕地利用生态集约化，为江西省 GDP 作出更大贡献。耕地利用生态集约化水平较纯农户低的是兼业户，最低的是非农户。其次，总体来说，三类农户中实现了耕地利用生态集约化的农户占比均较低，绝大多数未实现耕地利用生态集约化。

（3）对不同类型的作物和农户，耕地利用生态集约化的影响因素的共同点表现为：首先是在粮食作物中，对非农户、兼业户和纯农户耕地利用生态集约化影响都显著的因素在于耕地状况、收入、市场条件、农户的环保意识、对国家相关政策法规的了解程度；其次是在经济作物中，对三类农户耕地利用生态集约化影响都显著的因素在于耕地状况、农业技术；最后是对二类作物、三类农户耕地利用生态集约化影响均显著的是耕地状况。

（4）在粮食作物中，一是对非农户影响显著的是年龄、耕地质量、农业收入占总收入的比重、化肥价格上涨对施肥量的影响、农产品价格上涨对施肥量的影响、对使用完毕的废旧药瓶回收态度、对《农药安全使用规程》的了解程度；二是对兼业户影响显著的是地形、耕地质量、耕地破碎度、农业收入占总收入的比重、休耕、耕地产权年限和农药价格上涨对农药用量的影响；三是对纯农户影响显著的是文化程度、家庭劳动力总数、地貌、人均耕地面积、地块平均面积、农业收入、打工收入、对自家化肥用量是否过量的态度、过量施肥对土壤的影响、化肥价格上涨对施肥量的影响、农业技术掌握情况、耕地产权年限、对农业面源污染的了解、休耕、农药对土壤的影响、选择农药的依据、是否愿意为保护环境减少农药使用量、购买农药时是否根据作物病情向农技人员或销售者咨询。

（5）在经济作物中，一是对非农户影响显著的是年龄、性别、地貌、耕地质量、农药价格上涨对施肥量的影响、农产品价格上涨对施肥量的影响、选择农药的依据；二是对兼业户影响显著的是地形、机械、测土配方、对面源污染的了解、使用农药前是否仔细阅读说明书、农业技术的掌握情况；三是对纯农户影响显著的是耕地破碎度、人均经营耕地面积、农业收入、农业收入占总收入的比重、对农业面源污染的了解、农业技术掌握情况、购买农药时是否根据作物病情向农技人员或销售者咨询、农业增产的主要因素、如何提高群众参与环境管理的意识和水平的观点。

第 **6** 章

江西省耕地利用生态集约化的调控政策模拟研究

6.1 引　言

　　第 4 章从区域尺度上运用宏观统计数据，揭示了江西省耕地利用生态集约化的宏观影响因素，影响因素包括农村人口非农化、产业非农化、农业政策、人均经营耕地面积和复种指数等。第 5 章从微观农户尺度借助实地调研第一手数据，深入探析了江西省耕地利用生态集约化的微观影响因素，影响因素包括农户的个人特征、耕地特征、家庭生产经营条件、农户对使用化肥和农药的态度、化肥和农药价格的波动变化对其施用量影响所持的观点、农户环保意识及农户对国家相关政策法规的了解程度等。因农户的个人特征和耕地特征无法进行改变，但在农户农业生产实践中，农户对使用化肥和农药的态度，化肥、农药价格的波动变化对其施用量影响所持的观点、农户环保意识及对国家相关政策法规的了解程度等将对化肥、农药的使用量造成较大的影响，这些对耕地利用生态集约化产生了显著影响，而且这些与能否实现耕地利用最大效益密切相关。对于非农户和兼业户来说，耕地利用最大效益就是在保证其产量最大化的情况下，最少量地投入对身体有害的化肥、农药，从而保障自家粮食安全；对于纯农户来说，耕地利用最大效益是在保证其产量最大化的情况下，使投入的各种要素成本最低，从而实现利润最大化。那么，我国如何在保证耕地产量最大化的情况下，最低限度地控制化肥、农药的投入，这两者的施用在广大农村对耕地环境、农业的可持续发展造成了巨大的影响（辛宗斐等，2020；刘聚涛，2014；后希康，2014；刘凯，2015），已经成为众多学者关注的重点研究内容，也是国家多次在重大政策方针中提及的问题。2015年的"中央一号文件"锁定8项"三农"工作重点，文件确定，2016年及今后一个时期，要完善国家粮食安全保障体系，强化农业支持保护制度，建立农业可持续发展长效机制。推动农业可持续发展，必须确立发展绿色农业就是保护生态的观念，加快形成资源利用高效、生态系统稳定、产地环境良好、产品质量安全的农业发展新格局。

因此，农业要可持续发展，既要满足我国人口对粮食的需求，又要对耕地和环境的负面作用最小，即实现耕地利用生态集约化。更重要的是，要在保证产量不变或增长的情况下，最大限度地减少对耕地和外部环境破坏最大的化肥和农药的使用量。李海鹏（2007）认为亲环境技术的使用，以及提高农户环保意识与环保农业生产行为（即优化农户行为）可以在保证产量的前提下，减少化肥和农药使用量，降低环境污染。葛继红（2011）利用"压力—状态—响应"分析框架，对江苏省农业面源污染进行了研究，得出了配方肥技术推广政策，有利于减少农田化肥污染的结论。杨增旭（2011）认为化肥价格、农户收入水平、适度的规模种植对中国农户高效率使用化肥产生正向作用，从而能降低化肥对土地、环境的负面影响；测土配方技术可有效提高化肥的使用效率，但是农业技术推广的低效率很大程度上阻碍了农户对测土配方技术的接受。杨顺顺（2012）利用复杂系统理论与多主体模型，基于JAVA语言设计出了MAREM模型（多主体农户和农村环境管理模型）对中国农业面源污染进行了研究，并在实证部分通过化肥税和生态补偿政策模拟农户对于政策的反应，得出若实施化肥税政策，但在我国目前已经高强度使用各类生产要素的情况下，其效果可能并不理想。要达到控制农业面源污染的目的，可能需要相当高的税率支持；而实施环境服务付费，可以有效推动化肥、农药的减量施用，保护农村环境。

耕地利用过程中化肥和农药的大量使用，会使耕地质量下降，同时也会对农村环境造成破坏，从前面章节可以看到，江西省耕地亩均用化肥和农药在 1998～2010 年呈现出逐年递增趋势，如果政府不加以调控，两者的亩均用量将持续增长。目前我国农产品产量对化肥施用的依赖性很大，研究证明化肥投入的增减直接影响到粮食产量的增减（王铮，2004），但我国农业生产中存在着化肥和农药过量使用的问题。如何提高广大农户的农业技术水平，将化肥、农药的使用效率提高上去，从而降低其对耕地、环境的破坏作用，非常重要（杨增旭，2011）。中国已是世界上最大的化肥施用国，中国单位面积耕地平均施用量严重过量施用，远远超过了发达国家为防止化肥施用对水体造成污染而设定的化肥安全施用量上限（225 千克/平方公顷），其有效利用率不到 40%（Hu L. X.，2019）；中国农药施用量长期居高不下且有效利用率低，农业生产中只有少于 20% 的农药被农作物吸收，而其余的农药进入大气、土壤并进入地表和地下水体中（王哲，2013）。这些都将严重影响耕地利用生态集约化。而农业技术问题作为技术方面的研究，本章不涉及。本章试图通过一些政策模拟手段，探讨降低亩均化肥和农药使用效果的问题，为政府制定合理的调控政策提供依据。从而达到降低化肥、农药用量的目标。

因此，本章将通过设置两个政策情景来分析说明化肥税和生态补偿调控政策在进行农业生产时控制耕地、环境污染的实现效果和可能出现的问题。

对于土地利用方面的模拟仿真方法，已经有大量学者进行了研究，其中用得最多、最传统的是系统动力学模拟仿真方法，如曹其文（2021）、金宇宏（2020）、廖姣（2010）、赵娜（2008）、陈雪萍（2013）、陈佩琳（2012）、姜秋香（2011）、郭守前（1992）、肖教燎（2010）、崔和瑞（2003）、周颖（2014）、李志（2010）、史丹丹（2013）、王琼（2009）等；而聂丽（2007）用 BP 神经网络建模仿真对防城港土地可持续利用战略进行了模拟仿真，黎雪林（2004）利用灰色动态系统模型在 Matlab 仿真软件上对武鸣区土地资源可持续利用进行了模拟仿真；聂云峰（2009）基于复杂适应系统理论（CAS），运用 Repast 与 ArcGIS，通过元胞自动机、多主体和 GIS 对广州市番禺区进行了仿真模拟，得出复杂适应系统的多主体方法是一种有效的模拟土地利用变化方法。王强（2009）利用CAS理论的ABM软件建立了鄱阳湖区土地可持续利用的仿真模型。赵冠伟（2012）利用元胞自动机对广东省广州市花都区1995~2005年土地利用演变进行了模拟仿真，结果表明该模型能够较好地反应区域土地利用演变动态。程蓁（2010）基于多智能体仿真模型，以粮食种植户个体为设计出发点，模拟了粮食直补政策和最低收购价政策，研究其对农户粮食产量和农户收入的影响，为国家粮食政策提供了参考。杨顺顺（2010，2012）以复杂适应系统理论为基础，基于多主体技术，首创性地设计出了一套农村面源污染的模拟仿真系统，为复杂系统问题提供了很好的解决路径。王杰云（2022）采用GIS空间运算、元胞自动机、多智能体模型、腐蚀膨胀算法等方法，构建适宜性与约束性结合的城镇扩张Agent-CA模型，并对江西省安义县城镇开发边界划定进行研究。王越（2019）运用GIS和RS技术，采用Matlab编程，结合多智能体（MA）和粒子群算法（PSO），建立土地利用格局优化模型，以粮食生产、生态安全和社会经济发展为优化目标，设计政府、职能部门和个体三类智能体（Agent），并结合研究区土地利用格局优化目标的决策偏好确定其优化方案。

这些学者大多使用的是系统动力学及神经网络和灰色动态系统模拟仿真模型，这些方法是自上而下的方法，多以静态分析方法为主，通常需要设置大量参数且基础数据更新较慢，无法有效建立耕地利用中微观世界与宏观世界沟通的桥梁，同时，也忽略了实验者的主观能动性，降低了人们的参与度；一部分学者以复杂适应系统理论为基础，利用多智能体方法对土地利用进行了模拟仿真，这种方式通过"自下而上"的方式构造现实耕地利用系统的虚拟模型，既重视群体中的每个个体的特性，更重视个体之间的相互交互作用，突出了耕地利用系统的非线性与不确定性特征，它直观、易于理解，包含了多样性、有限理性，并且很容易扩展，能够清晰地呈现复杂农村环境下耕地利用中农户对政策自适应的响应。

本章首次将复杂系统适应理论的多主体系统仿真模型运用于耕地利用生态集约化的研究中，开创性地研究了江西省耕地利用生态集约化问题。首先，介绍了基于多主体模型的耕地利用生态集约化模拟仿真的思路和原理；其次，具体详细地构建了仿真模型，设计了化肥税和生态补偿两种政策情景方案；再次，通过模拟虚拟的"人工村庄"中农户作为主体在复杂系统中如何通过自适应行为对政策的响应；最后，评估模拟政策对实现耕地利用生态集约化的效果，并得出相应的调控政策建议。

6.2　调控政策模拟仿真模型构建

主体是 M-ABM（多主体模型）模型的核心，建立 M-ABM 模型首先需要决定模型中应该包含哪些主体。目前有大量的 M-ABM 建模工具，如 Net Logo、Swarm 和 Repast 等，可免费从互联网获得。

农业经济系统作为典型的复杂系统，对农业政策的效应建模是一个非常困难的问题。原因有两个方面：一是农业政策影响农户或农场主体的决策，决策影响其行为，并进一步对农业市场（包括生产要素与农产品市场）产生影响；二是农户不是同质的，是异质的，如文化教育水平、性别、年龄、家庭成员总数、家庭财产、家庭从业结构、农户间的交互作用、农户的自适应过程等。而传统的建模方法没有考虑这些问题，也没有考虑耕地是不可移动的、农户活动受空间影响的一些特点。因此，传统的自上而下的建模方法没有考虑农业系统的复杂性。从而使得对政策的效应进行假定是很困难的，最终导致传统的建模方法在农业经济系统中的建模失效（程蓁，2010）。

6.2.1　仿真模型构建流程与框架

霍兰提出的复杂性适应系统理论能很好地解决现实中复杂的问题，而多主体模型是实现复杂性适应系统的最好方法。一般来说，多主体建模与仿真的流程是：问题的提出→提出假设→模型的实现（即模型的架构）→正确性检验→效用检验→敏感性分析→发布成果（方美琪，2005）。

本书预期将达到的目标是，通过模拟政府施行化肥税和生态补偿两种政策，测试农户对政策自适应过程，农户的生产、消费、从业选择及对耕地环境的影响，最终为政府制定相关政策提供参考。因此，模型中，政府也是一个智能体，只不过政府是一个被简化的智能体，同时模型中还包括信贷机构、非农就业市场、农资供应企业等主体，他们在系统中发挥着各自的作用，但是并非像农户一样在虚拟的农村中占据了耕地和住所，在系统中，农户是核心主体。本章中提出的 M-ABM 概念框架如图 6-1 所示。

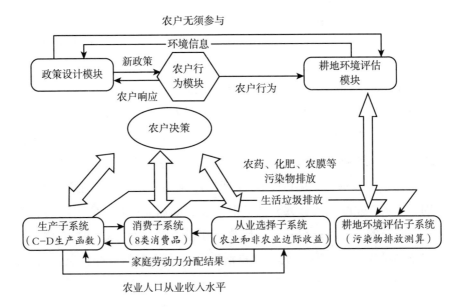

图 6-1 仿真模型概念框架

6.2.2　模型的前提条件与相关假设

6.2.2.1　系统设计平台及系统说明

本章以 Swarm 作为平台，使用 JAVA 语言编程，模拟相关政策下的农户的生产、消费、从业选择及对耕地环境的影响，检验并实现笔者的理论假定与情景分析。系统设计了一个 60×60 网格大小的"人工村庄"（一个网格代表一亩地，即有 3600 亩可用地，其中一半以上是耕地），以及在其中生活的 200 户农户，每户大概 2~6 名家庭成员，每人可分到 2亩地，每户农户具有各自独特的家庭人口数、性别、年龄、文化教育水平、家庭财富、收入、风险偏好、耕地质量、耕地面积、耕地地貌特征等，这些都将影响农户农业生产的决策。农户主体在不同的情况下，用不同的颜色表示。除此之外，系统还包括政府、非农从业市场、信贷机构、农资企业等主体。系统可以用于模拟观测这些虚拟的在"人工村庄"生活的农户，他们处在设计好的"自然环境"和"社会环境"中，种植农作物，或养殖畜禽，或外出从业、消费，他们是政策和环境的承受方，不断从生活和环境中交互学习、积累各种经验并自适应地调整自己的决策和行为，从而达到预期更高的生活状态。系统围绕农户行为决策、耕地环境演变的原则设计，包括农户生产、消费、从业选择和耕地环境评估 4 个子系统。

6.2.2.2　系统限定条件与假设

任何模型都不可能完全再现真实世界，模型只能是对应实相的简化（杨顺顺，2012），因此在总体设计前，笔者将对模型的应用和设计给出一些限定条件和假设，在此基础上进行设计。主要包括 5 个方面的假设：一是模型边界假定。模型的最小边界是农户，它是以家庭为决策单元，而不是个人，这意味着家庭成员使用了同一个效用函数，他们在家庭生产和消费决策中是合作的，而且存在利他的可能，以家庭为基本决策单元的假设才能够解释包含多个成员的农户在做出进入外地非农就业市场的决策时，能够忍受由于农业就业平均收益大于外地就业平均收益，但是在农业就业的边际收益小于外地就业平均收益的情况下，将带来个体利益损失。模型的最大边界只包括耕地环境问题，由农户的农业生产、消费行为导致，不考虑外出就业的农户在外地造成的耕地污染问题。二是农户的多样性假定。它指的是不同的农户即使在同样的环境下也会有不同的决策、行为结果。在多主体模型中，主体多样性的假定是它的一大特色，这使得多主体模型更贴近现实生活，并更能准确地反映现实生活。在多主体系统中，每户农户均具有各自独特的家庭人口数、年龄、文化教育水平、家庭财富、收入、风险偏好、耕地质量、耕地面积、耕地地貌特征等，这些都是以现实情况为依据在合理的范围和分布特征上的随机赋值，它们都会影响农户的生产、消费、从业选择和对耕地环境的污染。三是农户行为具有不完全理性特点。这区别以往的对农户完全理性的假定，此处的"理性"仅指"经济理性"。经济主体的知识完全理性和行为完全理性都难以达到，而且存在着现实状况的种种制约，农户在追求利润时，事实上考虑的是尽可能地扩大要素收益，而不是严格按照利润最大化公式进行决策。许多研究揭示了农户除具有经济理性外，还存在其他的理性行为，如生存理性，这一理性表现为较高的风险规避和生存保障的观念（刘毫兴，2008）。本章认为农户的行为选择包括了许多非经济动因，农户的行为选择受文化传统、主观规范影响，而这些又与其组成结构（年龄、文化教育水平、家庭成员结构）有关，这些因素在以往的模型中很难在个体尺度上得到展现，但是多主体模型可以较容易地做到这一点。四是生产和消费决策可分性假定。现实生活中农户的生产和消费是难以划分的，本章为了简化分析，假定两者是可分的，即农户在先作出生产决策后，再根据生产收入确定本周期的消费决策。五是环境同质性假定。它与农户的多样性是对应的，模型中的农户所处的自然、社会环境等各个要素都是通过江西省平均值抽象得到的，这些要素具有同质性。这种简化也是确保能够运行，且计算强度和参数测量是能够在可接受的范围内的必要假设。在该模型中，只有一种虚拟作物和虚拟畜禽。生产投入要素，如化肥、农药、农地膜也是平均混合的，遵循其对应的各种类型的使用比例、价格进行抽象。类似的环境要素和天气状况，土地、水都看作均一的，地形只有山地、丘陵、平原三种；温度和降水也是一个全省平均的情况。模型中会对这种平均情况下的农户行为选择和环境影响进行讨论，"人工村庄"相当于一个微缩的具有统计意义上的平均特征的村落。

6.2.2.3 情景模拟实施时长与预期环境目标

政府政策模拟实施时长：化肥税政策和生态补偿政策均以系统运行100期为政策实施启动水平，此时，模拟的"人工村庄"化肥、农药的使用量分别为33.403千克/亩和2.339千克/亩，与江西省2013年的实际情况相近，化肥税政策和生态补偿政策各子情景均执行系统第101～200期，化肥税政策实施结果取第190～200期的均值，生态补偿政策实施结果取第 200 期的值。

模拟仿真预期的环境目标：参考前人的研究（Zhu Z. L.，2002；杨顺顺，2014），以及我国 2010 年颁布的《化肥使用环境安全技术导则》《农药使用环境安全技术导则》，确定模型适中及严格的环境目标，它们分别对应不同的化肥、农药单位面积施用量控制水平。根据推荐值、江西省化肥施用结构和复种指数，最终确定适中的环境目标为：化肥亩均施用量为 24 千克／亩；严格的环境目标为：化肥亩均施用量 15.33 千克／亩；农药没有一个平均适宜的水平，按照化肥对 2013 年的削减率，确定农药适中水平为 1.68 千克/亩；严格水平为 1 千克/亩，只要达到 1.05 千克/亩即认为达到严格水平①。

6.2.3 农户主体规则

6.2.3.1 农户主体的属性特征

农户是指家庭形式的农业生产单位，它以实现家庭利润最大化为目标，通过感知周围环境因素，以及与其他主体的互动，自适应地做出生产、消费、从业选择等决策，并调整其行为规则，以更好地适应社会和自然环境。本章研究的农户具有各自独特的属性，即农户的家庭人口数、年龄、文化教育水平、风险偏好、耕地质量、耕地地貌、家庭财富、收入等特征，除最后两个属性是随模拟仿真时间的推进不断变化外，其余属性在仿真过程中一般认为是不变的。并且，一个家庭中所有成员都具有同样的属性。在本书中使用已见报道的调研结果和文献资料等数据，并结合《2007 中国农业发展报告》中历年的统计结果为参考，来确定模型中这些农户基本属性的分布情况。报告显示，近 20 年来，我国农户中家庭人口规模平均值为 4~5 人。模型中与现实情况稍有不同，假设每个成员都是要进行生产活动的，模型中，农户的家庭成员数量设计为 2~6 人。

我国农户的文化教育水平逐年提高，在模型中，假定文盲、小学、

---

① 根据历年《江西省统计年鉴》，取 1990~2014 年平均值。

初中、高中中专、大专及以上分别对应文化教育年限 0 年、6 年、9 年、12 年和 15 年（杨顺顺，2010）。农户的文化教育水平主要影响耕地投入要素水平、产出值、化肥农药的施打方式，以及对耕地环境污染所持的态度，并对农户是否选择非农就业产生影响。

在农户的年龄分布中，本书将年龄分成 5 段取值，分别为小于等于 30 岁、31～40 岁、41～50 岁、51～60 岁和 60 岁及以上，分别对这 5 段取值在模型中假定为 2 年、4 年、5 年、4 年和 3 年，其呈现一个中间高，两头低的趋势。主要原因是随着年龄增长，农户的农业生产经验越来越丰富、农业技术掌握得越来越好，对产出是有利的，但年龄越大，也可能导致体力的下降，因此此处在 41～50 岁赋值是最大的。同时年龄大小也会影响农户外出就业概率，一般来说越年轻越偏向于外出就业。研究表明，30 岁以下年龄段农户外出就业概率最大（王卫东，2020；陈瑜琦，2010）。农户的风险选择，按一般经验分为强风险规避、风险规避、适中、风险偏好、强风险偏好 5 类情况（杨顺顺，2012），在模型中，假定风险规避的农户数量大于风险偏好的农户数量（弗兰克·艾利思，2006）。

农户的耕地质量，一般分为好、中、差三类，耕地肥沃、离农户住处较近的（100 米以内）、离道路较近的（100 米以内）、离集市较近的（100 米以内）等定义为好；耕地质量一般、离农户住处距离一般的（100～500 米）、离道路距离一般的（100～500 米）、离集市距离一般的（100～500 米）等定义为适中水平；耕地贫瘠、离农户住处较远的（500 米以上）、离道路较远的（500 米以上）、离集市较远的（500 米以上）等定义为差。

农户的家庭财富与收入是随着仿真时间变化而变化的，在仿真初期农户就存在贫富差异，这种差异将影响农户的种植业投入水平，其后随着仿真周期的演进，农户的贫富分布也会随其决策逐渐变化。

6.2.3.2 农户主体的行为规则

在"人工村庄"中，200 户农户都是按照一定的行为规则决策和活动的。第一，各种资源的供给是有限的。在"人工村庄"中，土地资源、水资源、机械设备、各种投入生产要素都不是无限供给的，是受到一定制约的或需付费的，而由于付费的高低不同，农户将会按照"经济理性"来进行决策，考虑所处的环境和所能获取的资源，农户会进行资源的配置变化，以获取最大收益（李小键，2012；王国刚，2014）和生产要素配置效率（舒尔茨，2010）。第二，农户在进行生产决策时，往往会根据其上一期生产和收益情况，来决策当期的生产。农户在生产时往往会比较上一期进行的种植业、养殖业、非农就业的收入，并结合当期各种投入要素的成本、各种农产品的成本、售价、非农就业市场工资情况、C-D（Cobb-Douglas）生产函数和利润函数等，来作出当期的生产决策。第三，在农业生产和非农就业选择时，农户往往根据上一期两者的收入比较，作出有利于本期利润最大化的选择。农户从业选择时，会考虑农业生产的收入、外出就业的交通费用，以及在外生活高出在家生活的费用、就业概率等作出从业决选。第四，农户在做消费决策时，往往是根据人均纯收入，确定其收入所属的阶层，并根据消费函数，作出对食品、烟酒、衣着、居住、生活用品及服务、交通通信、教育文化娱乐、医疗保健、其他用品和服务 8 大类消费品的消费，进一步可得出农户的储蓄比例，而储蓄比例将进一步影响农户在下一期的生产决策。

6.2.4　涉及的方程组及参数说明

6.2.4.1　农户的生产函数与利润函数

本部分农户生产函数是根据 Cobb-Douglas 生产函数进行变形得到，Cobb-Douglas 生产函数为：

$$Y = AK^\alpha L^\beta \tag{6.1}$$

其中，Y 为产量，A 为技术水平，K 为投入的资本量，L 为投入的劳动量，α 和 β 分别是 K 和 L 的弹性。

本章将式（6.1）中的 K 所代表的物化资本和 L 所代表的劳动力按实际投入细分为 n 项，用来表示本章中所涉及的各项投入要素（是可变的）对生产的影响，由于本章中的农户具有不同的特征，如年龄、文化教育水平、所处的地形、耕地质量等。因此，将参数 A 写成指数形式，用以表示方程拟合的常数项、与技术进步有关的因素、影响产出的定性变量、状态类变量等，具体公式如下：

$$Y = e^{\alpha_0 + \alpha_1 d_1 + \cdots + \alpha_m d_m} x_1^{\beta_1} x_2^{\beta_2} \cdots x_n^{\beta_n} \qquad (6.2)$$

对式（6.2）两边取自然对数，得：

$$\ln Y = \alpha_0 + \alpha_1 d_1 + \cdots + \alpha_m d_m + \beta_1 \ln x_1 + \cdots + \beta_n \ln x_n \qquad (6.3)$$

在式（6.2）和式（6.3）中，Y 为产量，α_0 为常数项，$\alpha_1 \sim \alpha_m$ 为技术变量，$d_1 \sim d_m$ 为影响产量的一些定性变量，在本书中，是指农户的年龄、文化教育水平、耕地质量、地形等。$\beta_1 \sim \beta_n$ 为 n 个投入要素对应的产出弹性，$x_1 \sim x_n$ 为资本和劳动力投入量。在本模型中，定性变量主要考虑了农户年龄和文化水平，而投入要素选择了化肥、农药、农地膜、机械、灌溉比例、耕地面积、劳动力七个投入要素。本书为了研究方便，定性变量 $d_1 \sim d_m$ 取了年龄和文化教育程度，即 d_{age}、d_{edu}。

本章节的目标是设计一种虚拟作物（包含粮食、经济作物），作为虚拟"人工村庄"的作物，并为其设计一种生产函数，能反映以下三个基本性质：一是能够反映江西省粮食、经济作物的加总数量；二是能够反映各种生产要素投入对产量的影响；三是方程能够与历史相符，并能"预测"中长期趋势，即能满足模拟仿真中长期的要求。根据以上三点，笔者得出的生产函数产出弹性存在问题，而其他学者生产函数中的投入要素等选取与笔者不同。因此，笔者基于 C-D 生产函数理论，以其他学者对江西省及赣江流域的调研成果为基础，对 1990～2013 年江西省相关统计数据（包括每年化肥总量、农药总量、农地膜总量、机械总用量、灌溉比例、耕地面积、劳动力投入量）进行回归，得到虚拟作物的生产函数为：

$$Y = e^{5.56 + 0.01 d_{age} + 0.005 d_{edu}} x_{化肥}^{0.25} x_{农药}^{0.13} x_{农膜}^{0.02} x_{机械}^{0.048} x_{灌溉}^{0.11} x_{耕地}^{0.5} x_{劳动力}^{0.1} \qquad (6.4)$$

式（6.4）中，Y 为产量，单位为千克，d_{age} 为农户的年龄（年龄分成 5 段取值，分别为小于等于 30 岁、31～40 岁、41～50 岁、51～60 岁和 60 岁及以上，分别对这 5 段取值在模型中假定为 2 年、4 年、5 年、4 年和 3 年），d_{edu} 为农户的文化教育水平（文盲、小学、初中、高中中专、大专及以上分别对应文化教育年限 0 年、6 年、9 年、12 年和 15 年），$x_{化肥}$、$x_{农药}$、$x_{农膜}$ 分别指耕地投入要素的化肥、农药和农地膜，单位均为千克，$x_{机械}$指农业机械总动力，单位为千瓦，$x_{灌溉}$为灌溉比例，$x_{劳动力}$指劳动力投入量，单位为人。

以 1990 年数据为初始数据，从《江西省统计年鉴》中得到 1990 年相关耕地投入要素的初始价格（见表 6-1）和单位面积投入量，模型中各类生产要素投入强度的初始值为：化肥 23.72 千克/亩，农药 1.02 千克/亩，农地膜 0.50 千克/亩，农用机械存量 0.19 千瓦/亩，耕地灌溉比例为 78.20%（见表 6-2）。

表 6-1　　　　　　　　　1990 年耕地投入要素价格

化肥 （元/千克）	农药 （元/千克）	农地膜 （元/千克）	机械动力投入 （元/千瓦时）	灌溉费 （元/亩）
2.475	24.745	5.454	0.198	9.898

表 6-2　　　　　　　　　1990 年耕地投入要素量

投入要素	单位	投入量
每亩耕地化肥施用量（折纯量）	千克/亩	23.72
每亩耕地面积用农膜	千克/亩	0.50
每亩耕地面积用农药	千克/亩	1.02
每亩耕地农业用机械存量	千瓦/亩	0.19
耕地灌溉比例	%	78.20

模型中虚拟农作物的初始售价，主要是根据江西省 1990 年主要播种的农作物：粮食、油料、棉花、麻类、甘蔗、烟叶和其他作物这 7 大类农作物的产量，当年的售价，以其占总量的比例作为权重，计算出来的虚拟农作物的单位售价为 0.85 元/千克。

综上所述，结合生产函数与要素成本函数，可以得出模拟系统中农户种植业生产的利润函数如下，它是农户进行种植业生产决策的最关键决策要素：

$$P = P_s Y_s - (P_{化肥} X_{化肥} + P_{农药} X_{农药} + P_{农地膜} X_{农地膜} + P_{机械} X_{机械}$$
$$+ P_{灌溉用水} X_{灌溉用水}) + A_0 \tag{6.5}$$

其中：

$$Y_s = e^{\alpha_0 + \alpha_1 d_{age} + \alpha_2 d_{edu}} x_{化肥}^{\beta_1} x_{农药}^{\beta_2} x_{农膜}^{\beta_3} x_{机械}^{\beta_4} x_{灌溉用水}^{\beta_5} x_{耕地}^{\beta_6} x_{劳动力}^{\beta_7} \tag{6.6}$$

式（6.6）是生产函数公式，其中，P 表示农户生产利润，P_s 表示农产品的出售单价，Y_s 表示农产品的数量，$P_{化肥}$、$P_{农药}$、$P_{农地膜}$、$P_{机械}$、$P_{灌溉用水}$ 分别表示化肥、农药、农膜、机械、灌溉用水的购买单价，研究中采用实际数据处理得到，$x_{化肥}$、$x_{农药}$、$x_{农膜}$、$x_{机械}$、$x_{灌溉用水}$、$x_{耕地}$、$x_{劳动力}$ 分别表示化肥、农药、农地膜、机械、灌溉用水、耕地、劳动力的投入量，A_0 为农业补贴和投入净值，参考目前我国农业补贴的政策和额度，以及为了加速农户家庭财富的积累，缩短仿真周期，在本书中，设定 A_0 为 10 元/亩。

6.2.4.2 农户的消费函数

农户消费系统的设计目标：不同收入水平下，农户如何作出自己的消费决策，以及农户的储蓄和扩大再生产投入的倾向，农户在各类消费品或服务中的消费量将影响到生活垃圾对耕地环境的影响。并且储蓄和可扩大再生产投入将对下一期农户向耕地中投入要素量的变化产生影响，也将对耕地环境造成影响。

目前研究农户的消费结构和消费需求应用最多的有两种：一种是扩展性线性支出系统，另一种是 LA/AIDS。本书根据所获得的数据情况，使用了再扩展的线性支出系统建立农户的消费函数，具体表达式如下：

$$P_j X_j = P_j X_j^0 + \beta_j \left(Y - \sum_{j=1}^{n} P_j X_j^0 \right) + \sum_j \gamma_{jk} D_j Y \qquad (6.7)$$

对式（6.7）合并常数项，可得：

$$P_j X_j = a_j + \beta_j Y + \sum_j \gamma_{jk} D_j Y \qquad (6.8)$$

其中：

$$a_j = P_j X_j^0 - \beta_j \sum_{j=1}^{n} P_j X_j^0 \qquad (6.9)$$

对式（6.8）两边对 j 求和，得出：

$$\sum_{j=1}^{n} a_j = \sum_{j=1}^{n} P_j X_j^0 - \sum_{j=1}^{n} \beta_j \sum_{j=1}^{n} P_j X_j^0 \qquad (6.10)$$

整理可得，消费者对第 j 类消费品的基本消费金额的公式如下：

$$\sum_{j=1}^{n} P_j X_j^0 = \sum_{j=1}^{n} a_j \Big/ \left(1 - \sum_{j=1}^{n} \beta_j \right) \qquad (6.11)$$

将式（6.11）代入式（6.9），可得消费者对第 j 类消费品的基本消费金额如下：

$$P_j X_j^0 = a_j + \beta_j \sum_{j=1}^{n} a_j / (1 - \sum_{j=1}^{n} \beta_j) \qquad (6.12)$$

将农户收入分成三个等级，则消费者对第 j 类消费品的消费总金额为 $P_j X_j$，如下式所示：

$$P_j X_j = a_j + \beta_j Y + \gamma_{j1} D_1 Y + \gamma_{j2} D_2 Y (j = 1, 2, \cdots, 8) \qquad (6.13)$$

在式（6.7）~式（6.13）中，a_j 为常数；β_j 为除基本消费需求外的边际消费倾向，该值越大，农户消费越高，能用于储蓄和扩大再生产的资金就越少；P_j 为各种消费品（在本章中，依据历年《江西省统计年鉴》，主要包含 8 种基本消费品：食品烟酒、衣着、居住、生活用品及服务、交通通信、教育文化娱乐、医疗保健、其他用品和服务）的价格；X_j 为各种消费品的消费量；X_j^0 为基本消费需求量；$P_j X_j^0$ 为基本消费需求；Y 为收入；D_j 为收入等级的虚拟变量。在本书中，收入等级分为低、中、高，当收入 $0 < Y < 1200$ 时，农户为低收入户。假定 $D_1 = 1$，$D_2 = 0$；当 $1200 \leqslant Y \leqslant 2500$ 时，农户为中收入户，假定 $D_1 = 0$，$D_2 = 0$；当 $2500 < Y$ 时，农户为高收入户，假定 $D_1 = 0$，$D_2 = 1$；γ_{jk} 为待估参数，表示不同收入级别的消费者在除基本消费支出外对 j 商品或服务的边际消费倾向的修正值。

本书采用时间序列数据来代替横截面数据进行计算，具体如表 6-3 所示（表 6-3 中最右侧两列是不同收入组与其对应的 D_1、D_2 的乘积）。依据是近几十年来，农户消费需求的变化只和其收入变化有关，与所处的历史时期无关，虽然这不完全符合事实，但由于时间跨度不大，其结论能基本反映现实情况（李静，2003，2005；陈婵婵，2007；程静，2005；马丽，2007；张庆霞，2007；杨顺顺，2014）。

表 6-3　　　　　待回归的 24 组农户消费数据（换算至 1990 年水平）　　　　单位：元

| 序号 | 人均纯收入 | 总生活消费 | $P_j X_i$ | | | | | | | | $D_1 Y$ | $D_2 Y$ |
			食品烟酒	衣着	居住	生活用品及服务	交通通信	教育文化娱乐	医疗保健	其他用品和服务		
1	669.90	576.69	368.68	35.37	48.14	53.50	7.50	42.50	17.50	3.50	669.90	0
2	693.51	589.34	372.49	38.21	44.29	53.33	11.35	44.92	18.78	5.97	693.51	0

续表

序号	人均纯收入	总生活消费	P_iX_i								D_1Y	D_2Y
			食品烟酒	衣着	居住	生活用品及服务	交通通信	教育文化娱乐	医疗保健	其他用品和服务		
3	732.90	618.29	383.41	38.85	93.80	27.30	9.95	42.20	18.00	4.79	732.90	0
4	737.43	603.68	370.34	35.83	80.64	30.20	14.57	43.89	20.83	7.38	737.43	0
5	815.15	689.97	433.04	39.25	87.18	32.57	15.45	51.37	19.65	11.45	815.15	0
6	879.25	718.37	443.01	40.19	95.85	33.10	18.47	53.46	22.58	11.70	879.25	0
7	984.60	817.91	497.93	45.92	113.55	38.09	22.16	63.47	25.14	11.66	984.60	0
8	1086.93	809.37	475.48	39.89	117.91	36.79	21.04	72.37	30.54	15.35	1086.93	0
9	1045.90	785.57	459.30	34.26	113.11	34.21	20.63	82.16	28.17	13.74	1045.90	0
10	1108.55	836.80	480.07	35.64	119.59	35.94	28.72	89.38	31.83	15.63	1108.55	0
11	1121.69	862.91	469.89	44.35	117.64	29.13	50.22	96.78	33.35	21.55	1121.69	0
12	1181.74	910.81	469.16	48.38	138.98	31.13	60.06	103.81	38.35	20.95	1181.74	0
13	1237.30	945.97	474.04	51.62	139.51	32.85	66.79	114.43	42.93	23.81	0	
14	1294.91	1005.13	519.57	52.61	139.17	33.03	74.66	117.92	48.47	19.70	0	
15	1503.14	1082.72	588.71	54.57	119.48	34.05	87.51	120.80	56.16	21.43	0	
16	1626.68	1237.23	607.99	62.03	162.49	48.00	114.37	137.62	77.05	27.68	0	
17	1757.56	1318.32	649.35	64.27	183.11	51.81	123.03	140.96	78.03	27.76	0	
18	1898.99	1387.69	691.43	68.45	219.89	56.33	128.44	117.14	77.72	28.31	0	
19	2047.74	1442.65	711.96	68.77	243.87	67.57	131.52	102.89	89.67	26.41	0	
20	2230.29	1552.48	707.19	71.45	318.66	79.95	129.98	111.96	102.30	31.00	0	
21	2462.61	1664.11	771.15	74.28	332.99	87.33	141.16	121.34	103.74	32.11	0	
22	2776.40	1877.39	848.61	94.10	358.09	111.80	158.46	128.67	139.67	37.99	0	2776.40
23	3061.71	2006.43	873.42	103.63	402.96	108.86	193.41	134.04	148.81	41.30	0	3061.71
24	3337.92	2582.45	961.94	129.05	644.60	140.91	257.21	224.64	177.16	46.95	0	3337.92

在实际模拟计算时，首先，根据笔者收集到的 1990～2013 年《江西省统计年鉴》中 8 类消费品和人均纯收入（以 1990 年的消费价格指数为基期，假定其消费价格指数为 100），并计算出相应的 D_1Y、D_2Y。根据回归方程（6.10），可以计算出方程（6.12）的系数 a_j、β_j、γ_{j1}、γ_{j2}，即表 6-4 的回归结果与统计检验，其次，根据方程（6.11）计算出 8 种消费品的基本需求，如表 6-4 最右侧列所示。

表 6 – 4　　　　　　　　　回归方程系数与统计检验

类别	α	β	γ_1	γ_2	调整 R^2	F	基本需求
食品烟酒	227. 3087 (9. 462419)	0. 228737 (16. 97125)		– 0. 01 (– 1. 376444)	0. 983019	444. 814	330. 3716
衣着	26. 32147 (5. 236767)	0. 020582 (7. 298377)	– 0. 00619 (– 2. 018696)	0. 006621 (4. 089749)	0. 962418	197. 3326	35. 59518
居住	– 91. 7392 (– 2. 17335)	0. 167758 (7. 083495)	0. 035329 (1. 371536)		0. 919418	88. 4744	– 16. 1518
生活用品及服务	12. 11061 (0. 993564)	0. 024898 (3. 640738)		0. 010635 (2. 708703)	0. 863332	49. 43032	23. 329
交通通信	– 25. 9001 (– 1. 705426)	0. 075891 (8. 906579)	– 0. 02185 (– 2. 357758)		0. 956512	169. 6256	8. 294354
文教娱乐	34. 32454 (1. 325126)	0. 045869 (3. 156187)			0. 682263	17. 4623	54. 99191
医疗保健	– 12. 6445 (– 2. 74339)	0. 049289 (19. 06008)	– 0. 00822 (– 2. 9212)	0. 005656 (3. 80948)	0. 991279	872. 42	9. 563841
其他	– 2. 6024 (– 0. 725722)	0. 01594 (7. 922631)			0. 917897	86. 71182	4. 579746

注：表格括号中的数字为 T 统计量。

如表 6 – 4 所示，8 种消费品对应的回归方程显著性水平和拟合优度均可通过，以及大部分的自变量也可通过 5%、10% 的显著性检验。

对式（6.13）进行多元线性回归，可以得到 a_j、β_j、γ_{j1}、γ_{j2}，即可得到存在收入阶层变量情况下的边际消费倾向，并可计算得到第 j 类消费品的基本消费需求量 $P_j X_j^0$，将其代入式（6.12），可以得到第 j 类消费品的总消费量 $P_j X_j$。

6.2.4.3　农户的从业选择函数

这一部分设计的目标，是农户在农业生产与非农业生产（本地打零工或外地打工）之间如何选择，决定农户从业选择的是劳动的边际收益，一般来说非农就业的劳动边际收益要大于农业部门的，这是导致大量农村劳动者向城市转移的重要原因。当劳动力流动到城市时，农业生产中的劳动力减少，消费也减少，对耕地污染也将降低。农户在农业与非农就业的劳动力分配决策公式为：

$$R_{agr} = R(X_{lab}) - R(X_{lab} - 1) \qquad (6.14)$$

$$R_{nagr} = ave_{nagr}P_{nagr} - C_{transport} - C_{others} \qquad (6.15)$$

式（6.14）和式（6.15）中，R_{agr} 为农业生产中的劳动力边际收益，即当农业生产中的劳动力减少一个时，将会减少的利润；R_{nagr} 为非农就业市场的劳动力边际收益；ave_{nagr} 为非农就业市场的平均工资；P_{nagr} 为农户非农就业概率，受年龄、文化教育水平、家庭拥有耕地面积、家庭财富等影响；$C_{transport}$ 为农户选择非农就业的交通成本；C_{others} 为其他成本。R_{agr} 与 R_{nagr} 的差距越大，农户则会作出新的更倾向于提高收入的就业决策，从而影响农业生产和农户的家庭收入，进一步影响其消费，最终将影响耕地污染情况。

6.2.4.4　耕地污染函数

本部分研究耕地污染，主要考虑的是化肥、农药等农用化学品对耕地的污染，同时考虑"人工村庄"中的畜禽排放物、作物残体源和生活源。因此，主要选取具有代表性的化肥、农药、畜禽排放物、作物残体源和生活源排入水体的总氮和总磷来表示，此处参考 IPCC（政府间气候变化专门委员会）对生活污水的 N、P 排放方程来计算，因此，本章中的耕地污染氮、磷的计算公式为：

$$N = (F_{化肥} + F_{畜禽} + F_{作物残体} + F_{生活源}) \times f_N \qquad (6.16)$$

$$P = F_{化肥1}f_{化肥} + F_{畜禽1}f_{畜禽} + F_{作物残体1}f_{作物残体} + F_{生活源1} \times f_{生活源} \qquad (6.17)$$

式（6.16）和式（6.17）中，N、$F_{化肥}$、$F_{畜禽}$、$F_{作物残体}$、$F_{生活源}$ 分别是指农业生产过程中发生的在淋溶与径流中的氮、系统中虚拟的化肥施用的氮量、畜禽排放的氮量、作物残体的氮量、农户生活中排放的氮量，单位均为千克 N/step，f_N 为氮的流失率。P、$F_{化肥1}$、$F_{畜禽1}$、$F_{作物残体1}$、$F_{生活源1}$ 分别是指农业过程中发生在淋溶与径流中的磷、系统中虚拟的化肥施用的磷量、畜禽排放的磷量、作物残体的磷量、农户生活中排放的磷量，单位均为千克 P/step。$f_{化肥}$、$f_{畜禽}$、$f_{作物残体}$、$f_{生活源}$ 分别是化肥 TP 流失率、畜禽粪尿 TP 流失率、作物残体 TP 流失率、生活源 TP 流失率。杨顺顺（2012）根据兴和朱（Xing & Zhu，2002）对长江、黄河和珠江三大流域的各项氮支出进行了估算，其整体氮流失率为 19%～23%；朱兆良（2003）认为农田中化肥氮的损失率为 7%；中国科学院南京土壤所的研究成果表明：鄱阳湖区氮流失率为 13.6%～16.6%（Whipple W.，1977）。因此，本书中选择各类氮的总流失率为 15%。马保国（2007）认为耕地当季磷肥流失率一般小于 5%，磷径流流失率通常远小于氮；刘光德（2004）对三峡库区的研究显示，磷肥在淋溶和径流中的损失为 5.99%；杨顺顺（2012）对我国农村面源污染进行的研究选取磷肥流失率为 5%。因此，本书中总磷流失率：化肥和秸秆源选用 4%；畜禽和生活源是有机磷为主，流失率比较高，选用 5%。

6.2.5 模型数据说明

本部分所用数据有两个来源，其中化肥、农药、农地膜、农用柴油、农用机械总动力、灌溉比率、劳动力、农村居民家庭人均纯收入数据来源于《江西统计年鉴》，耕地面积、复种指数数据来源于江西省各县市的统计年鉴，如《南昌统计年鉴》《赣州统计年鉴》等。数据覆盖江西省 24 年（1990～2013 年）。

6.3 化肥税调控政策仿真模拟

本部分对化肥税的征收设计了 5 种情景，分别记为情景 C1、C2、C3、C4 和 C5，它们对应的化肥税税率分别为 0、50%、100%、150% 和 300%，即分别设计了不实施化肥税、较低税率、中等税率、较高税率和高税率 5 种情景，具体如表 6-5 所示。目的是观测不同税率下，农户对政策的自适应响应，即当政府实施不同级别的化肥税后，农户会作出怎样的农业生产、消费、从业选择决策，以及最终会对耕地环境造成怎样的影响。

表 6 – 5 化肥税政策征收情景设计

方案序号	化肥税政策初征时期	化肥税政策税率设置
现状 100 期值		
情景 C1	不实施化肥税政策	0% （惯性）
情景 C2	从 101 期开始收税	50%
情景 C3	从 101 期开始收税	100%
情景 C4	从 101 期开始收税	150%
情景 C5	从 101 期开始收税	300%

当实施化肥税政策时，农户种植业生产的利润函数为：

$$P = P_s^1 Y_s - ((1 + \lambda) P_{化肥} X_{化肥} + P_{农药} X_{农药} + P_{农地膜} X_{农地膜}$$
$$+ P_{机械} X_{机械} + P_{灌溉用水} X_{灌溉用水}) + A_0 \qquad (6.18)$$

其中，λ 为化肥税税率，P_s^1 为虚拟作物新的售价，假定在"人工村庄"中，虚拟作物的购买金额是保持不变的，按照供需关系设计虚拟作物的售价，当实施化肥税政策时，虚拟作物新的售价变为：虚拟作物新的售价 = 虚拟作物原来的售价 × （"人工村庄"虚拟作物产量均值/虚拟作物当期产量）。

虚拟作物价格仍然用 0.85 元/千克。模型中各类生产要素投入强度的初始值（1990 年）为：化肥 23.72 千克/亩，农药 1.02 千克/亩，农地膜 0.50 千克/亩，农用机械存量 0.19 千瓦/亩，耕地灌溉比例为 78.2%，具体如表 6 – 6 所示。

表 6 – 6 现状投入要素均值

年份	农用化肥施用量（折纯量）（千克）	农药使用量（千克）	农地膜使用量（千克）	农业机械总动力（千瓦）	有效灌溉比例（%）
1990	836000000	35879000	17505000	6677167	78.2
1991	932000000	35879000	17505000	6692285	78.8
1992	941000000	34485000	16907000	6345786	79.4
1993	938000000	34250000	16932000	6306139	80.1
1994	1048000000	37998000	20500000	6438156	80.8
1995	1121000000	41932000	21785000	6630750	81.4

年份	农用化肥施用量（折纯量）（千克）	农药使用量（千克）	农地膜使用量（千克）	农业机械总动力（千克）	有效灌溉比例（%）
1996	1127000000	44482000	21105000	6913258	82.1
1997	1204000000	45259000	24792000	7500270	82.7
1998	1131000000	48704000	27509000	7939078	83.2
1999	1167000000	54502000	30256000	8530196	83.7
2000	1069000000	51406000	28599000	9023070	84.5
2001	1097000000	51384000	30778000	10020350	83.4
2002	1124000000	57323000	35407000	11118200	88.5
2003	1110000000	53470000	33930000	12205200	88.9
2004	1235000000	66273000	42828000	14652000	88.8
2005	1294000000	75305000	45010000	17812600	87.3
2006	1326000000	75955000	40854000	21370850	86.3
2007	1326508000	88833000	38071000	25063200	85.7
2008	1330000000	96662000	41645000	29464300	65.1
2009	1358000000	97593000	43719000	33589300	65.3
2010	1376000000	107000000	45491000	38050000	65.7
2011	1411000000	99691000	47375000	42000000	66.2
2012	1413000000	100000000	50275000	45996850	67.6
2013	1416000000	99922000	51401000	20141320	70.8

　　将模型 100 期校准至 2013 年情况（基准模型中初始以 1 元作为农户调节的步进尺度，化肥、农药、农地膜如果要调整，则每次增加或减少 1 元对应的数量，农药最贵但用量少，化肥最便宜但用量大，所以实际的情况可能差异很大，一般是化肥按价格调整会大于农药，农药会大于农地膜），只要反复调整 3 种要素的步进尺度（如慢了，就调成 2 元，快了就调成 0.5 元），即可控制住在 100 期使要素达到某个特定的水平。从 101 期开始收税，测算 191~200 期均值，结果如表 6-7 所示（化肥税政策的实施对农药、地膜有一定的间接影响），191~200 期均值，TN、TP 是同比例的。

表 6 – 7　　　　　　　　　　化肥税政策对照方案及各情景模拟结果

税率	化肥亩均施用强度（千克/亩）	农药亩均施用强度（千克/亩）	农地膜亩均使用强度（千克/亩）	化肥源 TN 流失量（千克 N/亩）	化肥源 TP 流失量（千克 P/亩）	种植业地块数（亩）
现状 100 期值（2013 年统计数据）	33.403	2.339	1.208	3806.281	243.201	—
0%（惯性、不征税）	41.264	2.652	1.616	4587.806	293.136	1458
50%	32.430	2.517	1.541	3483.124	222.553	1408
100%	29.048	2.473	1.521	3136.408	200.400	1416
150%	29.912	2.478	1.527	3056.377	195.286	1340
300%	30.797	2.493	1.509	2686.530	171.655	1144

如表 6 – 7 所示，与现状 100 期相比，不征收化肥税各组值均较其有较大幅度增长。当不征收化肥税时，让模型运行到 200 期，则 191～200 期均值为：化肥亩均施用强度为 41.264 千克/亩，比现状 100 期增长 23.53%；农药亩均施用强度为 2.652 千克/亩，比现状 100 期增长 13.37%；农地膜亩均使用强度 1.616 千克/亩，比现状 100 期增长 33.79%；化肥源 TN 流失量达到 4587.806 千克 N/亩，比现状 100 期增长 20.53%；化肥源 TP 流失量达到 293.136 千克 P/亩，比现状 100 期增长 20.53%。

而征收化肥税后，比没有任何政策干预的对照情况确实能在不同程度上控制耕地污染。在 100% 税率前，耕地污染对强度控制敏感，种植规模变化随机。超过 100% 税率后，对强度的控制不敏感，种植规模减小成为主要的 TN、TP 削减来源。由于起征税时，化肥、农药、农地膜的用量已较高，在这种高施用量时征税，效果不尽如人意，即使征收 150% 的税，效果还不如 100% 的，这主要是因为在化肥亩均施用量较高时征收化肥税，将大大增加种植业农户的农业生产成本，尤其是化肥成本，农户的负担将大大增加，一部分边际产出较低的农户将会放弃耕种，转而投向养殖业或外出打工。虽然较高的税率对耕地化肥、农药等亩均投入的控制效果会减弱，但是对整个村落的耕地污染控制效果将加强，主要原因是由于一部分农户退出耕种，从而使整个村落的种植面积缩小，或降低化肥等生产要素的投入，最终使耕地污染得到控制。

综上所述，在化肥税政策实施时，并不是税率越高越好。当起始征税点的化肥亩均用量已经较高时，中等税率将比高税率方案更有效，当超过100%税率后，对强度的控制不敏感，种植规模减小成为主要的 TN、TP 削减来源，即实施高税率政策可对耕地污染中总氮、总磷进行有效的控制，但主要是来源于种植规模的收缩。

6.4 生态补偿调控政策仿真模拟

如果农户减少耕地化肥、农药的投入量，将降低对耕地及农村环境的污染，将对环境产生正外部性效果，却会影响耕地的产出，降低农户的收入水平。如何既让农户减少化肥、农药投入的同时，收入不下降，这就需要政府对农户进行补偿。补偿多少能达到保护耕地和环境的目标就是本章节要研究的内容。

6.4.1 支付标准

生态补偿支付标准的确定是生态补偿政策实施的关键。标准制定合理与否关系到生态补偿政策实施的效果，也是关系到生态补偿政策能否顺利实施的重要条件。

支付标准的确定应该遵循以下两个原则：一是耕地的可持续发展原则。耕地资源是有限的，一旦遭受污染或破坏，要得以恢复将付出巨大的代价，我们必须在耕地还没有受到污染或破坏前，采取措施保护耕地资源，使我们的子孙后代依然有足够生产安全食品的耕地，实现耕地资源的可持续发展。二是农户的可接受程度原则。在制定支付标准时，要考虑农户对于减少施用化肥、农药等农用化学品时，其产量的减少所引起的收入的减少量，只有农户在减少农用化学品时，所得到的补偿加上产出带给他的收益并未减少，或减少的量是在其可接受的范围内，则是可接受的。

农户在农业生产过程中降低污染物的投入过程，将对环境的负外部性影响减小，产生环境效益与生态价值，在实践中，相对于税收政策，生态补偿政策已经越来越多地应用于农业生产中。政府的目标是实现全社会的福利最大化，而农户的目标是实现个人效益最大化，两者目标不一致，对农户进行生态补偿（补贴）能有效地联结两者的需求，从而既能满足农户的个人追求，又能保护环境，实现公众福利最大化。而如何进行生态补偿，方式是什么，以及补偿比重定为多少，是本书需要解决的问题。

对于耕地生产投入要素来说，如果降低化肥、农药、农地膜等农用化学品的投入。一方面，对环境的破坏程度将降低，以及由于这些物品的投入减少，生产成本也会跟着减少；另一方面，这些增产性和省工性生产要素投入的减少，必将使农户的单位面积产量降低，并且促使农户投入更多的劳动力，一定程度上将降低农户的收入。农户降低的收入与生产要素投入成本的差，这部分应该由政府补偿给农户，其成本与投入要素之间的关系如图6-2所示。而由于这些农用化学品投入的降低，必将提高农产品的品质。一般来说，高品质的农产品在市场中将具有更高的出售单价，从而从一定程度上提高农户的收入，这一方面的影响，由于在模拟仿真中将使整个过程非常复杂，因此，在本书中不予以讨论。

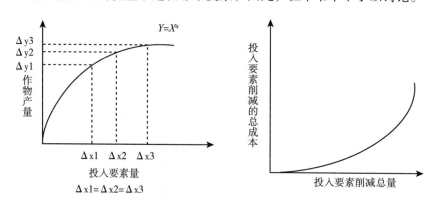

图6-2 降低农用化学品投入要素的生产方式所产生的损失

若仅考虑化肥和农药的变化对产出的影响，则农户生产函数为 $Y = CX^\alpha$，其中 $\alpha < 1$，为凹函数，如图6-3所示，农户减少单位要素的投入

所付出的代价是逐渐增大的，即农户在低水平投入时减少 1 单位生产要素投入所产生的产量的减少，要小于在高水平投入时减少 1 单位生产要素投入时所导致的产量的减少，即边际成本是上升的。边际成本的上升指的是，从生产成本减少总量与投入要素的减少总量来看，随着减少总量的增加，生产成本减少总量也是增加的，它是一个凸函数。

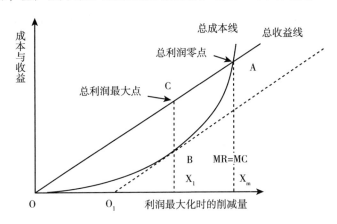

图 6 - 3　农户削减生产要素投入的补偿、成本及利润极值点

农户生产要素减少给农户带来的损失或生产成本的提高，由政府通过生态补偿的方式予以补偿，这种补偿是线性的，即每减少一个单位生产要素的投入，农户都将获得相同的补贴，这种情况下的总成本、总收益曲线如图 6 - 3 所示。

在图 6 - 3 中，OA 直线是总收益曲线，OA 弧线是总成本曲线，两者交于 A 点，过 A 点作平行于纵轴的直线，对应的投入要素减少量为 X_m；作 OA 直线的平行线，与总成本曲线相切于 B 点，过 B 点作平行于纵轴的直线，与总收益曲线相交于 C 点，它对应的投入要素的减少量为 X_1。在C 点农户将获得最大的利润，B 点代表着边际成本与边际收益相等，即MR = MC，在 A 点，总成本等于总收益，这时在 C 点农户获得最大利润。

以上分析了在单位生产要素投入减少时的收益—成本情况，在本章情景分析中，本书将考虑两种情景：无政府引导与纯政府引导情景。在纯政府引导情景下，政府补偿又分为等额补偿与差额补偿两种方案进行模拟仿真，通过情景分析来说明生态补偿政策在降低耕地污染控制上的作用。

6.4.2 情景分析

本章节中情景分析的目标是如何调整农户行为在保证要素配置有效的情况下,同时达到耕地环境友好水平,本章节中即保障耕地环境安全时使用化肥、农药的水平。本章节中此水平参考其他学者研究、国家标准和本节模型模拟的特点给出,分别确定了两套耕地环境目标代表耕地环境友好水平,并作为适应性管理的管理目标:设定适中的和严格的耕地环境目标,适中的耕地环境目标为控制化肥和农药的亩均施用量分别小于等于 24 千克/亩和 1.68 千克/亩,严格的耕地环境目标为控制化肥和农药的亩均施用量分别小于等于 15.33 千克/亩和 1.05 千克/亩。(对化肥:适中的环境目标按照氮肥 150 千克/公顷 × 年计算,即 24 千克化肥/亩,严格的环境目标按照氮肥 60 千克/公顷计算,即 9.63 千克化肥/亩,由于此值过小,如果计算复种系数 1.96(根据江西省 1998 ~ 2014 年的复种指数的平均值计算得到),则为 19.02 千克/亩,两者取平均值为 14.33 千克化肥/亩,按照模拟中变化的刻度,只要达到 15.33 千克化肥/亩,即认为达到严格目标;对农药,没有一个平均适宜的水平,按照化肥对 2013 年的削减率,确定农药适中水平为 1.68 千克/亩,严格水平为 1 千克/亩,只要达到 1.05 千克/亩,就认为达到严格水平)。

本书共设计了两种情景:惯性情景和政府补偿情景。

惯性情景:为不对农户生产行为进行任何干预,模拟农户在自组织自适应的条件下,自行调整生产要素投入的情况下化肥和农药施用水平的变化趋势。

政府补偿情景:即政府通过生态补偿的方式对农户施肥、施药进行干预。假定农作物的出售价格固定。农户进行减量施肥、施药的行为仅由政府进行补偿,设定农户施肥、施药的强度分别为 X 千克/亩和 Y 千克/亩,当农户施肥、施药量处于启动和适中之间时,农户每减少施用化肥、农药 1 千克/亩和 0.05 千克/亩,政府分别给予补偿 U_1 元和 V_1 元;当农户施肥、施药量处于适中和严格之间时,农户每减少施用 1 千克/亩和 0.05 千克/亩,政府分别给予补偿 U_2 元和 V_2 元,每期补偿费用按减量总量计算；由于农户减量施用的成本随单位面积减量施用量增大。因此，本情景考虑两种情况，即 $U_1 = U_2$，$V_1 = V_2$ 等额补偿和 $U_1 < U_2$，$V_1 < V_2$ 差额补偿方案。

以化肥施用强度分别为 24 千克/亩和 15.33 千克/亩，农药施用强度分别为 1.68 千克/亩和 1.05 千克/亩为控制水平分别给予农户补贴，模拟此情况下的化肥和农药施用水平变化和补偿水平的取值。对于农户施用化肥在 24 ~ 33.403 千克/亩的情况下，当施用水平为 X 千克/亩时，给予农户每亩（33.403 − X）U_1 元补贴，即根据 33.403 千克/亩的平均水平，每减少施用 1 千克/亩，给予 U_1 元补贴；对于农户施用化肥在 15.33 ~ 24 千克/亩的情况下，当施用水平为 X 千克/亩时，给予（24 − X）U_2 元补贴，即根据 24 千克/亩的平均水平，每减少施用 1 千克/亩，给予 U_2 元补贴；对于农户施用农药在 1.68 ~ 2.339 千克/亩的情况下，当施用水平为 X 千克/亩时，给予（2.339 − X）V_1/0.05 元补贴，即根据 2.339 千克/亩的平均水平，每减少施用 0.05 千克/亩农药，给予 V_1 元补贴；对于农户施用农药在 1.05 ~ 1.68 千克/亩的情况下，当施用水平为 X 千克/亩时，给予（1.68 − X）V_2/0.05 元补贴，即根据 1.68 千克/亩的平均水平，每减少施用 0.05 千克/亩农药，给予 V_2 元补贴；模型中将分别模拟 U_1、U_2 和 V_1、V_2 分别取等额补贴和差额补贴两种情况。

当对农户实施生态补偿政策时，农户种植业的利润函数变形为：

$$P = P_s^2 Y_s - (P_{化肥}X_{化肥} + P_{农药}X_{农药} + P_{农地膜}X_{农地膜} + P_{机械}X_{机械} + P_{灌溉用水}X_{灌溉用水}) + A_0 + A_{化肥} + A_{农药} \tag{6.19}$$

其中，P_s^2 是虚拟作物新的售价，$A_{化肥}$、$A_{农药}$ 为每亩分别减少使用化肥、农药后所获得的政府补偿。

将模型 100 期校准至 2013 年情况，从 101 期开始补贴，初始水平（即补偿启动水平，为 100 期 "人工村庄" 中耕地化肥、农药平均施用水平）为化肥 33.4 千克/亩，农药 2.339 千克/亩[①]。

至 200 期达到适中或严格的补偿标准。模型运行至 200 期的结果如表 6−8 所示。

---

① 资料来源于 2013 年《江西省统计年鉴》。

表 6 – 8　　　　　　　　　　　　生态补偿政策模拟仿真结果

方案序号	子情景序号	人工村庄化肥亩均施用强度（千克/亩）	人工村庄农药亩均施用强度（千克/亩）	补偿情况（下方表格中除比例一项外，单位为元）						人工村庄化肥源 TN 流失量（千克）	人工村庄化肥源 TP 流失量（千克）	种植业地块数/亩
				U_1	U_2	V_1	V_2	亩均补偿	补偿/收入比例（%）			
—	现状 100 期	33.40	2.34	—	—	—	—	—	—	3806.28	243.20	—
方案 0	子情景 D0（惯性）	41.26	2.65	0	0	0	0	0	0	4587.81	293.14	—
方案 1	子情景 D1	23.70	1.67	2.35	2.35	0.65	0.65	36.18	8.10	2135.46	247.46	1450
方案 2	子情景 D2	15.23	1.05	4.05	4.05	1.50	1.50	112.06	24.30	1332.46	154.41	1408
方案 3	子情景 D3	15.15	1.03	2.80	4.20	0.75	1.70	95.17	21.40	1408.48	163.21	1496

其中，方案 0 为没有任何政府行为的惯性情景，方案 1 为政府等额补偿情景，模型运行到 200 期时达到适中标准，$U_1 = U_2$，$V_1 = V_2$；方案 2 为政府等额补偿情景，模型运行到 200 期时达到严格标准，$U_1 = U_2$，$V_1 = V_2$；方案 3 为政府差额补偿情景，模型运行到 200 期时达到严格标准，$U_1 < U_2$，$V_1 < V_2$。

如表 6 – 8 所示，政府引导情景，效果明显要比没有任何政府行为的惯性情景强，即没有任何政府行为的惯性情景的方案 0 效果比政府引导情景差，即方案 0 劣于方案 1、方案 2 和方案 3。在模型运行到 200 期时，方案 0 的耕地化肥亩均施用强度、农药亩均施用强度、化肥源 TN 流失量和化肥源 TP 流失量分别比方案 1 高出 74.10%（17.56 千克/亩）、59.27%（0.99 千克/亩）、114.84%（2452.35 千克）、18.46%（45.68 千克）。

同为等额补偿，高额补偿情景优于低额补偿情景，即方案 2 优于方案 1。在模型运行到 200 期时，方案 1 耕地化肥亩均施用强度、农药亩均施用强度、化肥源 TN 流失量和化肥源 TP 流失量比方案 2 分别高出 55.63%（8.47 千克/亩）、58.87%（0.62 千克/亩）、60.62%（802.96 千克）、60.26%（93.05 千克）。但方案 2 的补偿/收入比例为 24.3%，比方案 1 的 8.1% 高出 16.2%。

差额补偿情景优于等额补偿情景，即方案 3 优于方案 1 和方案 2。由于方案 2 优于方案 1，因此此处只需比较方案 3 和方案 2。在模型运行到 200 期时，方案 3 耕地化肥亩均施用强度、农药亩均施用强度比方案 2 分别低 0.51%（0.08 千克/亩）、1.95%（0.02 千克/亩），由于方案 3 的 200 期种植业 1496 亩比方案 2 的种植业 1408 亩规模大，虽然方案 3 亩均强度略低，但其 TN、TP 流失总量相对略高，高额补偿情景使得"人工村庄"的种植规模缩减，因此，虽然差额补偿政府情景亩均强度略低，但由于种植规模较大，使得 TN、TP 流失量相对略高，即高额政府补偿与低额政府补偿与差额政府补偿相比，对 TN、TP 的控制效果较好的原因是它使"人工村庄"的种植规模缩减。在政府补偿与收入比例上，方案 3 为 21.4%，比方案 2 的 24.3% 要低。方案 3 较方案 2 更能减轻政府负担。

综上所述，政府补偿情景优于惯性情景；在政府补偿前提下，高额等额补偿情景优于低额等额补偿情景，差额补偿情景优于高额等额补偿情景，且差额补偿额能减轻政府负担。

6.5　结论与政策启示

本章以农户为研究单元，以模拟农户行为入手分析政策实施对耕地环境的影响，基于复杂适应系统理论，采用多主体建模技术，建立了 200 户农户及其他模拟主体的"人工村庄"，农户在这个"人工村庄"中拥有耕地、住房等，通过农户的自适应学习反应，定量地表现了农户主体生产、消费、从业及其对耕地环境影响的全过程，可有效反映农户决策变化并评估耕地环境影响。本章中的模型设计遵循模型边界限制、农户多样性、农户行为不完全理性、生产与消费的可分性和环境均一化假定，且农户的行为遵循资源配置规则、生产决策规则、消费决策规则和从业选择决策规则。本章在上述基础上，模拟了化肥税和生态补偿政策共 9 种子情景，包括：化肥税政策下的 5 种子情景，惯性情景、低税率（50% 税率）、中等税率（100% 税率）、中高等税率（150% 税率）和高等税率（300% 税率）；生态补偿政策下的 4 种子情景，惯性情景、达到适中目标的政府等额补偿情景、达到严格目标的政府等额补偿情景、达到严格目标的政府差额补偿情景。在模拟政策实施下，农户通过对资源的重新配置，重新作出生产、消费、从业选择决策，以实现效用最大化，最终将对耕地、农村环境产生新的影响。模型达到了两个管理目标：一个是适中的管理目标，另一个是严格的管理目标。基于以上的分析，本章得到以下结论：

（1）农户在农业生产中，通过反复地适应和学习来配置资源，从而达到所有要素配置后与理想最优值的靠近，但这种资源的配置调整引起大量现代农业生产要素的使用，而江西省农村中却缺乏与之配套的管理方法，对耕地环境带来了巨大的负面影响，造成了对耕地环境安全的严重威胁。

（2）化肥税政策和生态补偿政策都在一定程度上减轻了耕地化肥、农药投入要素对耕地环境的污染。

（3）当政府实施化肥税政策时，并不是税率越高越好。当起始征税点的化肥亩均用量已经较高时，中等税率将比高税率方案更有效，虽然高税率方案最终对排入耕地中的总氮、总磷比低、中等税率的都要低，但它的亩均化肥、农药用量却高于低、中等税率，高税率方案的实施，将一部分边际收益较低的农户挤出了耕地种植业，转而投向了养殖业或非农产业，种植规模减小成为主要的 TN、TP 削减来源，即实施高税率政策可对耕地污染中总氮、总磷进行有效的控制，但主要是来源于种植规模的收缩。这将威胁到江西省粮食安全，因此中等税率更合适。

（4）在生态补偿政策实施时，惯性情景下农户对化肥和农药的单位面积耕地施用量仍会进一步增加，通过实施生态补偿政策，农户生产行为可以达到不同程度的环境目标。政府补偿情景优于惯性情景；高额政府补偿情景优于低额政府补偿情景，差额政府补偿情景优于等额政府补偿情景，且差额补偿额能减轻政府负担。因此，政府可通过实施差额补偿方案来实现对耕地环境的保护。

根据以上结论，可以得出以下政策启示：

（1）对于日益富裕的农村，虽然随着劳动力大量转移至城镇，农村常住人口大大减少，但是随着现代生活和生产方式的改变，对耕地造成的污染日益严重。建议相关部门建立相应的现代农村垃圾处理办法，宣传现代农业生产要素对耕地环境的负面影响，提高农村人口的环境保护意识，最终使得农村环境、耕地环境得到有效的保护。

（2）情景分析的结果显示，化肥、农药的减量施用将降低单位面积农作物产量，同时使种植业规模缩小，对粮食产量有较大影响，并进一步影响粮食安全。一是建议相关部门协调环境安全与粮食安全目标，大力开展农业技术培训，在各村庄一是建立农业技术推广广播站，在农作物生长的不同时期适时进行农业技术宣传，如在往年虫害较严重的农作物生长时期，在当年的同一时期到来之前进行相关知识的普及，进行技术知识的宣传，有效地预防病虫害，从而降低农用化学品的投入强度，保护耕地环境，提高产量；二是建议发展农业新技术，增加新的无害或低害的生产要素的投入来提高产量；三是通过地区的粮食产量和消费核算，推行区域轮换式的限产保育政策，控制耕地污染。

第 **7** 章

结论与展望

7.1 结 论

本书以农业大省——江西省为例，基于耕地利用可持续发展理论、农户行为理论、耕地规模经济理论、耕地面源污染管控理论和复杂适应系统理论，借助统计学、实地问卷调研、行为学、计量经济学和 M-ABM 多主体仿真模拟方法，对耕地利用生态集约化的影响因素及其调控政策进行了研究。一是将前人研究的耕地可持续利用和耕地集约利用结合起来，在参考大量国内外研究文献，尤其是国外研究成果的基础上，构建了基于 DEA 法的耕地利用生态集约化测度体系，对江西省耕地利用生态集约化水平进行了测度；二是采用江西省面板数据对耕地利用生态集约化时空差异及其宏观影响因素进行了深入探究；三是基于大量农户实地调研一手数据，对江西省耕地利用生态集约化的农户类型差异及其微观影响因素进行了深入探究；四是运用多主体模型方法对耕地利用生态集约化的调控政策进行了模拟仿真。得出以下结论。

（1）通过区域尺度江西省耕地利用生态集约化的时空差异研究，得出了江西省耕地利用生态集约化水平整体呈上升趋势，13 年间耕地利用生态集约度均值较高，发展潜力较好。但整体上没有实现耕地利用生态集约化，绝大多数县（市）耕地利用非生态集约化。具体结论如下：

首先是时序差异方面，1998～2010年，江西省耕地利用生态集约化水平整体呈上升趋势，2010年（0.837）比1998年（0.743）增长了12.56%。13年间江西省耕地利用生态集约度均值为0.823，整体耕地利用生态集约度较大，发展潜力较好。江西省耕地利用生态集约度在2001年达到小高峰，峰值为0.839，在2004年达到最高峰，峰值为0.862，2004年是我国以"中央一号文件"（《中共中央国务院关于促进农民增加收入若干政策的意见》）的形式指导"三农"发展的第一年。江西省经济较不发达，农业收入占比较大，国家支农惠农政策的实施极大地激励了农户农业生产的积极性。1998～2010年江西省耕地利用呈现向右上升的"M"型波动趋势，经历了"三起二落"。"三起"是指1998～2001年，2003～2004年及2008～2010年；"二落"是指2001～2003年及2004～2008年。

其次是空间差异方面，在江西省80个县（市）中，耕地利用生态集约化水平由大到小的前10名分别是丰城市（耕地利用生态集约度为1）、鄱阳县（耕地利用生态集约度为1）、泰和县（耕地利用生态集约度为0.9941）、万年县（耕地利用生态集约度为0.9873）、高安市（耕地利用生态集约度为0.9856）、南昌县（耕地利用生态集约度为0.9790）、金溪县（耕地利用生态集约度为0.9769）、新建县（耕地利用生态集约度为0.9737）、吉安县（耕地利用生态集约度为0.9734）和崇仁县（耕地利用生态集约度为0.9734）。耕地利用生态集约度最低的三个县是：广昌县（耕地利用生态集约度为0.3925）、定南县（耕地利用生态集约度为0.2343）和铜鼓县（耕地利用生态集约度为0.0006）。80个县（市）中，耕地利用生态集约度最大值为1，最小值为0.0006，中位数为0.9056，平均值为0.8234；在80个县（市）中，耕地利用生态集约度主要集中于0.9～1，占总数的51.25%，其余集中在0.7～0.8和0.8～0.9，分别占总数的13.75%和13.75%。除丰城市和鄱阳县外，其他78个县（市）都表现出耕地利用非生态集约度，也就是说，江西省耕地利用在整体上没有实现生态集约化。绝大多数县（市）耕地利用生态集约化水平在2010年较1998年更高，耕地利用生态集约化变化幅度最大的是广昌县。13年间，只有新建县的耕地利用生态集约化水平逐年稳步上升，其余 79 个县（市）的耕地利用生态集约度变化趋势均呈波动变化，其中泰和县、吉安县、兴国县、乐安县、弋阳县、会昌县、于都县、新干县、瑞金市、东乡县、修水县、南康市、信丰县、赣县、玉山县、资溪县 16 个县（市）的耕地利用生态集约度呈波动下降趋势，其他 63 个县（市）的耕地利用生态集约度呈波动上升趋势。

（2）通过对江西省耕地利用生态集约化的宏观影响因素的分析，得出人均经营耕地面积和农业政策对其影响显著为正，人口非农化、产业非农化对其影响显著为负。具体结论如下：

笔者使用计量经济方法，选择江西省 1998～2010 年 80 个县（市）的面板数据，运用固定效应模型，对江西省耕地利用生态集约化的宏观因素进行了分析。通过文献阅读法选取了农村家庭人均纯收入、人口非农化、产业非农化、人均经营耕地面积和农业政策对 1998～2010 年江西省耕地利用生态集约化进行影响因素分析。发现人口非农化、产业非农化、人均经营耕地面积和农业政策对其影响显著，其中，人口非农化、产业非农化对其影响显著为负。随着我国工业化和城镇化进程的推进，农业劳动力非农工资逐年快速上涨，农业劳动力大量向城镇转移，耕地粗放经营和撂荒现象明显，人均经营耕地面积和农业政策对其影响显著为正，人均经营耕地面积越大，越能推动现代化规模农业生产，产生规模经济效应，对耕地利用生态集约化将产生积极影响，而随着我国从 2004 年开始连续二十年以"中央一号文件"指导"三农"，支农惠农政策的实施，大大鼓励了农民农业生产的积极性，有利于实现耕地利用生态集约化。

（3）探讨了粮食作物、经济作物种植中，纯农户、兼业户和非农户，以及劳动力、化肥、农药、机械生产要素投入的差异。

本书基于大量农户调研一手资料，通过对纯农户、兼业户和非农户种植粮食作物、经济作物投入要素的分析得出，在所有生产要素投入中，均是劳动力费用最高，是其他 3 种投入要素的 2～10 倍，其他 3 种投入要素相差不大。经济作物的劳动力费用远高于粮食作物，接近于 2 倍，而粮食作物的机械费用却远高于经济作物，也接近于 2 倍。就三类农户投入的各种要素来说，纯农户人均耕地面积最大，是非农户和兼业户的 6～

18 倍；而化肥、农药、劳动力和机械纯农户投入都是最低的，而产值却是最高的；兼业户在所有投入要素中，除农药外，都较非农户投入要高，而产值却只较非农户稍高一点。

（4）研究了江西省粮食、经济作物耕地利用生态集约化水平的类型差异。

本书通过构建的 DEA 测度体系，基于实地调研数据，首先对纯农户、兼业户和非农户种植粮食、经济作物耕地利用生态集约化水平的研究发现，在粮食、经济作物种植中，三类农户耕地利用生态集约化水平有同样的趋势和规律，均表现为纯农户耕地利用生态集约化的农户占比最大，生态集约化水平最高，且是非农户与兼业户耕地利用生态集约度的数 10 倍，其次是兼业户，最低的是非农户。但总体来说，三类农户生态集约化的农户占比均较低，非生态集约化农户占绝大多数。

（5）探讨了江西省粮食、经济作物耕地利用生态集约化水平的微观农户影响因素。

第一，共同点表现。一是在粮食作物中，对非农户、兼业户和纯农户耕地利用生态集约化影响都显著的因素为：耕地状况、收入、市场条件、农户的环保意识、对国家相关政策法规的了解程度；二是在经济作物中，对三类农户耕地利用生态集约化影响都显著的因素为：耕地状况、农业技术；三是对二类作物、三类农户耕地利用生态集约化影响均显著的是耕地状况。

第二，具体影响表现。一是在粮食作物中，对非农户影响显著的是年龄、耕地质量、农业收入占总收入的比重、化肥价格上涨对施肥量的影响、农产品价格上涨对施肥量的影响、对使用完毕的废旧药瓶回收态度、对《农药安全使用规程》的了解程度；对兼业户影响显著的是地形、耕地质量、耕地破碎度、农业收入占总收入的比重、休耕、耕地产权年限和农药价格上涨对农药用量的影响；对纯农户影响显著的是文化程度、家庭劳动力总数、地貌、人均耕地面积、地块平均面积、农业收入、打工收入、对自家化肥用量是否过量的态度、过量施肥对土壤的影响、化肥价格上涨对施肥量的影响、农业技术掌握情况、耕地产权年限、对农业面源污染的了解、休耕、农药对土壤的影响、选择农药的依据、是否愿意为保护环境减少农药使用量、购买农药时是否根据作物病情向农技人员或销售者咨询；二是在经济作物中，对非农户影响显著的是年龄、性别、地貌、耕地质量、农药价格上涨对施肥量的影响、农产品价格上涨对施肥量的影响、选择农药的依据；对兼业户影响显著的是地形、机械、测土配方、对面源污染的了解、使用农药前是否仔细阅读说明书、农业技术掌握情况；对纯农户影响显著的是耕地破碎度、人均经营耕地面积、农业收入、农业收入占总收入的比重、对农业面源污染的了解、农业技术掌握情况、购买农药时是否根据作物病情向农技人员或销售者咨询、农业增产的主要因素、如何提高群众参与环境管理的意识和水平的观点。

（6）运用 M-ABM 多主体仿真模型，模拟了化肥税和生态补偿两种政策（共 9 种子情景），通过农户自适应响应过程，得出了模拟的相应结果，得到了江西省耕地利用生态集约化的调控政策。

一是当政府实施化肥税政策时，并不是税率越高越好，江西省化肥起征税点较高，当起始征税点的化肥亩均用量已经较高时，中等税率将比高税率方案更有效，虽然高税率方案最终对排入耕地中的总氮和总磷比低、中等税率的都要低，而它的亩均化肥、农药用量却高于中等税率。高税率方案的实施，将一部分边际收益较低的农户挤出了耕地种植业，转而投向了养殖业或非农产业，种植面积降低，中等税率更适合。

二是在生态补偿政策实施时，政府补偿情景优于惯性情景。高额政府补偿情景优于低额政府补偿情景，差额政府补偿情景优于等额政府补偿情景，且差额补偿额能较大程度地减轻政府负担。

7.2　研究展望

本书对江西省耕地利用生态集约化进行了测度，并对其生态集约化的宏观和微观影响因素进行了探究，以及对调控政策进行了模拟仿真，研究获取了些许成果，但仍有进一步需要进行完善的地方。笔者认为可以从以下五个方面展开进一步的研究分析。

（1）耕地利用生态集约化的测度方法目前很少，如何更为准确地测度耕地利用生态集约化是未来要进一步研究的问题。在本书中，由于数据的可获得性问题，并未包括机械燃油、灌溉用水等投入要素指标，这将对评价耕地利用生态集约化产生一定的影响，力争在以后的研究中进一步完善。

（2）在测度耕地利用生态集约化中，考虑了投入和期望产出要素，没有考虑非期望产出，在以后的研究中可进一步考虑此因素。

（3）在模拟仿真部分，不同的农户类型对环境的影响，笔者已进行了研究，但还未考虑农户所处的区域背景，在模拟仿真主体功能的设计中有些主体尚未考虑进去，或设计得非常简单，如政府主体功能设计较简单，金融机构和企业没有被设计进来。这是未来研究中需要进一步深入的领域。

（4）在生态补偿政策情景模拟仿真中，只考虑了惯性情景和纯政府引导情景，没有考虑市场引导情景，由于农户降低耕地投入要素的投入强度，有利于生产出高品质的农产品，这将在市场上获得更高的出售价格，从而提高农户的收入水平，而由于考虑此问题将使建模异常复杂。本书中没有将其作为一种情景进行模拟，在未来的研究中，可将市场因素考虑进去。

（5）农户类型划分时，依据非农收入在家庭收入中的占比本书将农户划分成三类，由于这三类还不能很好地区分农户之间的差异，而如何将农户，以家庭主要劳动力的投入方向、家庭主要收入及所占比重为标准，将农户生计类型划分为4组：纯农户、一兼户、二兼户和非农户，可更好地对农户行为进行细致的探讨。

参 考 文 献

[1] 蔡昉, 王美艳. "未富先老"与劳动力短缺 [J]. 开放导报, 2006 (1): 31 - 39.

[2] 曹祺文, 顾朝林, 管卫华. 基于土地利用的中国城镇化 SD 模型与模拟 [J]. 自然资源学报, 2021, 36 (4): 1062 - 1084.

[3] 陈宝峰, 白人朴, 刘广利. 影响山西省农机化水平的多因素逐步回归分析 [J]. 中国农业大学学报, 2005, 10 (4): 115 - 118.

[4] 陈婵婵. 城乡居民消费结构实证分析——以广东茂名为例 [J]. 消费经济, 2007, 23 (4): 62 - 65.

[5] 陈长华, 方晓军. 江苏农户经营行为分化实证分析 [J]. 中国农村经济, 1999 (4): 46 - 50.

[6] 陈俊. 基于可持续思想下的土地利用总体规划 [C]. 2007 年中国土地学会年会论文集, 2007: 644 - 645.

[7] 陈佩琳. 柳州市土地可持续利用系统动力学仿真研究 [D]. 武汉: 华中农业大学, 2012.

[8] 陈卫. 国际视野下的中国人口老龄化 [J]. 北京大学学报 (哲学社会科学版), 2016, 53 (6): 82 - 92.

[9] 陈晓红, 汪朝霞. 苏州农户兼业行为的因素分析 [J]. 中国农村经济, 2007 (4): 25 - 31.

[10] 陈雪萍. 基于系统动力学的雅安市土地综合承载力的可持续研究 [D]. 成都: 中国科学院研究生院, 2013.

[11] 陈瑜琦, 李秀彬, 朱会义, 等. 不同经济发展水平地区耕地利用变化对比研究 [J]. 中国农业大学学报, 2011, 16 (1): 124 - 131.

[12] 陈瑜琦, 李秀彬, 朱会义, 等. 劳动力务农机会成本对农户耕

地利用决策的影响——以河南省睢县为例 [J]. 地理科学进展, 2010, 29 (9): 1067 - 1074.

[13] 陈瑜琦, 李秀彬. 1980 年以来中国耕地利用集约度的结构特征 [J]. 地理学报, 2009, 64 (4): 469 - 478.

[14] 程翠云, 任景明, 王如松. 我国农业生态效率的时空差异 [J]. 生态学报, 2014, 34 (1): 142 - 148.

[15] 程静, 胡亚权. 湖北省农村居民消费结构分析 [J]. 甘肃农业, 2005 (4): 21 - 22.

[16] 程蓁. 基于农户主体的粮食政策效应仿真分析 [D]. 北京: 中国社会科学院研究生院, 2010.

[17] 崔和瑞, 赵黎明, 张晋国. 县域土地资源可持续利用系统动态仿真决策模型研究 [J]. 西北农林科技大学学报 (社会科学版), 2003, 3 (1): 107 - 110.

[18] 杜国明, 柴璐佳, 李玉恒. 耕地利用系统的理论解析与研究框架. 地理科学进展, 2022, 41 (7): 1288 - 1299.

[19] 杜国明, 刘彦随. 黑龙江省耕地集约利用评价及分区研究 [J]. 资源科学, 2013, 35 (3): 554 - 560.

[20] 方美琪, 张树人. 复杂系统建模与仿真 [M]. 北京: 中国人民大学出版社, 2005.

[21] 弗兰克·艾利思. 农民经济学 [M]. //胡景北, 译. 上海: 上海人民出版社, 2006.

[22] 付永虎. 高集约化农区投入减量化与低环境风险的土地利用系统设计——理论与模式 [D]. 北京: 中国农业大学, 2016.

[23] 高鸣, 宋洪远, Michael Carter. 补贴减少了粮食生产效率损失吗? ——基于动态资产贫困理论的分析 [J]. 管理世界, 2017, 288 (9): 85 - 100.

[24] 高鹏, 刘燕妮. 我国农业可持续发展水平的聚类评价——基于 2000 ~ 2009 年省域面板数据的实证分析 [J]. 经济学家, 2012 (3): 59 - 65.

[25] 高尚宾. 建立生态补偿机制, 探索集约化农业可持续发展之路 [J]. 农业科技管理, 2008, 27 (1): 21 - 24.

[26] 葛继红. 江苏省农业面源污染及治理的经济学研究 [D]. 南京：南京农业大学，2011.

[27] 郭庆海. 小农户：属性、类型、经营状态及其与现代农业衔接 [J]. 农业经济问题，2018，462（6）：25-37.

[28] 郭守前. 四川省土地承载力研究的系统动力学仿真模型 [J]. 中国人口·资源与环境，1992，2（4）：25-30.

[29] 后希康. 长三角地区农田肥料总氮地表流失率和流失负荷估算 [J]. 环境科学学报，2014，34（6）：1585-1591.

[30] 花晓波，阎建忠，王琦，等. 大渡河上游河谷与半山区耕地利用集约度及影响因素的对比分析 [J]. 农业工程学报，2013，29（20）：234-244.

[31] 花晓波，阎建忠，袁小燕. 不同类型农户撂荒及其影响因素研究——以重庆市 12 个典型村为例 [J]. 地理研究，2014，33（4）：721-734.

[32] 花晓波. 论农牧户生计与土地利用的关系——基于青藏高原 3 个农业生态区的实证 [D]. 成都：西南大学，2014.

[33] 黄颉. 自然灾害损失的社会经济影响因素及对策——以江西省为例 [J]. 生产力研究，2012（10）：135-144.

[34] 姜秋香. 三江平原水土资源承载力评价及其可持续利用动态仿真研究 [D]. 哈尔滨：东北农业大学，2011.

[35] 金宇宏，王海军，贾克敬，等. 基于系统动力学的中国土地利用系统健康评价研究 [J]. 长江流域资源与环境，2020，29（5）：1064-1074.

[36] 孔祥斌，李翠珍，王红雨，等. 京冀平原区地块尺度农户耕地集约利用差异对比 [J]. 农业工程学报，2010，26（11）：331-337.

[37] 孔祥斌. 华北集约化农区土地利用变化及其可持续评价 [D]. 北京：中国农业大学，2003.

[38] 黎夏，叶嘉安，刘小平，等. 地理模拟系统：元胞自动机与多智能体 [M]. 北京：科学出版社，2007.

[39] 黎雪林. 县级土地可持续利用战略灰色动态系统建模与仿真研

究 [D]. 南宁：广西大学，2004.

[40] 李春林. 农业耕地规模利用问题研究 [M]. 哈尔滨：哈尔滨地图出版社，2005.

[41] 李翠珍，徐建春，孔祥斌. 大都市郊区农户生计多样化及对土地利用的影响——以北京市大兴区为例 [J]. 地理研究，2012，31 (6)：1039 - 1049.

[42] 李静. 安徽省农村居民消费结构的 ELES 模型解析 [J]. 乡镇经济，2003 (2)：10 - 12，23.

[43] 李静. 广西农村居民消费结构数量分析 [J]. 广西财政高等专科学校学报，2005，18 (4)：43 - 60.

[44] 李明，秦凯，赵宁博，等. 基于 TASI 热红外数据的黑土土壤发射率光谱与土壤全钾含量关系研究 [J]. 光谱学与光谱分析，2020，40 (9)：2862 - 2868.

[45] 李升发，李秀彬. 中国山区耕地利用边际化表现及其机理 [J]. 地理学报，2018，73 (5)：803 - 817.

[46] 李小建，周雄飞，郑纯辉，等. 欠发达区地理环境对专业村发展的影响研究 [J]. 地理学报，2012，67 (6)：783 - 792.

[47] 李秀彬，朱会义，谈明洪，等. 土地利用集约度的测度方法 [J]. 地理科学进展，2008，27 (6)：12 - 17.

[48] 李兆亮，杨子生，邹金浪. 我国耕地利用集约度空间差异及影响因素研究 [J]. 农业现代化研究，2014，35 (1)：88 - 92.

[49] 李志，周生路，陆长林，等. 基于系统动力学城市边缘区土地利用变化模拟与预测——以南京市江宁区为例 [J]. 土壤，2012，4 (22)：76 - 82.

[50] 廖姣. 基于系统动力学的眉山市东坡区土地利用结构优化研究 [D]. 雅安：四川农业大学，2010.

[51] 刘成武，李秀彬. 基于生产成本的中国农地利用集约度的变化特征 [J]. 自然资源学报，2006，21 (1)：9 - 15.

[52] 刘成武，朱锦维，黄利民. 欧盟农地可持续集约利用的经验及启示 [J]. 社会科学动态，2020 (5)：93 - 98.

[53] 刘光德，赵中金，李其林. 三峡库区农业面源污染现状及其防治对策 [J]. 中国生态农业学报，2004，12（2）：172 - 175.

[54] 刘桂英，成雪宇，张双庆，周丽. 耕地经营规模与化肥减施效应——来自江西省水稻种植户的证据 [J]. 农业现代化研究，2023，44（1）：97 - 107.

[55] 刘聚涛. 鄱阳湖流域农村生活区面源污染特征及其影响 [J]. 长江流域资源与环境，2014，23（7）：1012 - 1018.

[56] 刘凯. 沉积物有机磷累积特征及其与流域发展间的响应关系 [J]. 环境科学学报，2015，35（5）：1292 - 1301.

[57] 刘明，王仁曾. 基于 t 检验的逐步回归的改进 [J]. 统计与决策，2012，6（12）：16 - 19.

[58] 刘念，张兆强. 农机补贴的效率特征及影响因素研究——基于中国家庭追踪调查（CFPS）数据的实证分析 [J]. 宏观经济研究，2023，293（4）：99 - 116.

[59] 刘卫柏，李双双，李中，等. 水稻种植机械与农村劳动力的替代弹性及其对粮食产出的影响 [J]. 经济地理，2022，42（12）：172 - 178.

[60] 刘兴堂，梁炳成，刘力，等. 复杂系统建模理论、方法与技术 [M]. 北京：科学出版社，2008.

[61] 刘彦随，乔陆印. 中国新型城镇化背景下耕地保护制度与政策创新 [J]. 经济地理，2014，34（4）：1 - 6.

[62] 刘源，吕晓，彭文龙. 辽宁省耕地利用可持续集约化水平及其影响因素 [J]. 土壤通报，2022，53（5）：1009 - 1018.

[63] 刘志飞. 农户生计资产对土地利用的作用研究——以贵州省遵义市为例 [D]. 南昌：江西财经大学，2015.

[64] 刘宗强. 哈尔滨市耕地可持续利用评价研究 [D]. 哈尔滨：东北农业大学，2010.

[65] 吕晓，牛善栋，谷国政，彭文龙. "新三农"视域下中国耕地利用的可持续集约化：概念认知与研究框架 [J]. 自然资源学报，2020，35（9）：2029 - 2043.

[66] 吕晓，孙晓雯，彭文龙，等. 基于能值分析的沈阳市耕地利用

可持续集约化时空分异特征研究 [J]. 中国土地科学, 2022, 36 (9): 79 – 89.

[67] 马保国, 刘永朝, 薛进军. 冀南稻麦轮作区化肥施用与氮磷流失状况分析 [J]. 灌溉排水学报, 2007, 26 (3): 72 – 74.

[68] 马丽. 宁夏农村居民消费结构的 ELES 分析 [J]. 内蒙古科技与经济, 2007, 23: 2 – 3.

[69] 马晓河, 杨祥雪. 城乡二元结构转换过程中的农业劳动力转移——基于刘易斯第二转折点的验证 [J]. 农业经济问题, 2023, 517 (1): 4 – 17.

[70] 聂丽. 土地可持续利用战略研究 [D]. 南宁: 广西大学, 2007.

[71] 聂云峰, 陈红顺, 夏斌, 等. 基于多智能体与 GIS 城市土地利用变化仿真研究 [J]. 计算机应用研究, 2009, 26 (7): 2613 – 2616.

[72] 欧阳莹之. 复杂系统理论基础 [M]. 田宝国, 周亚, 樊瑛, 译. 上海: 上海科技教育出版社, 2002.

[73] 潘丹. 考虑资源环境因素的中国农业生产率研究 [D]. 南京: 南京农业大学, 2012.

[74] 庞家幸. 中国农业生态效率研究 [D]. 兰州: 兰州大学, 2016.

[75] 彭文龙, 吕晓, 辛宗斐, 等. 国际可持续集约化发展经验及其对中国耕地保护的启示 [J]. 中国土地科学, 2020, 34 (4): 18 – 25.

[76] 史丹丹. 基于系统动力学的耕地保护政策研究 [D]. 杭州: 浙江大学, 2013.

[77] 世界环境与发展委员会. 我们共同的未来 [M]. 吉林: 吉林人民出版社, 1997.

[78] 宋世雄, 梁小英, 陈海, 等. 基于多智能体和土地转换模型的耕地撂荒模拟研究——以陕西省米脂县为例 [J]. 自然资源学报, 2018, 33 (3): 515 – 525.

[79] 田玉军, 李秀彬, 陈瑜琦, 等. 城乡劳动力流动及其对农地利用影响研究评述 [J]. 自然资源学报, 2009, 25 (4): 686 – 695.

[80] 田玉军, 李秀彬, 辛良杰, 马国霞, 李占明. 农业劳动力机会成本上升对农地利用的影响——以宁夏回族自治区为例 [J]. 自然资源

学报，2009，24（3）：369－377．

[81] 王国刚，刘彦随，陈秧分．中国省域耕地集约利用态势与驱动力分析［J］．地理学报，2014，69（7）：907－915．

[82] 王海玫．耕地保护［M］．北京：中国大地出版社，1999．

[83] 王建庆，冯秀丽，李加林，等．浙江省耕地利用集约度时空变化及其影响因素［J］．水土保持通报，2014，34（6）：270－276．

[84] 王杰云，罗志军，俞林中，等．基于适宜性评价与 Agent－CA 模型的城镇开发边界划定——以江西省安义县为例［J］．地域研究与开发，2022，41（5）：70－76．

[85] 王强．基于农户土地利用决策行为分析的鄱阳湖区耕地利用变化研究［D］．南昌：江西师范大学，2009．

[86] 王琼．基于系统动力学的陕北坡耕地利用优化研究［D］．西安：西北建筑科技大学，2009．

[87] 王卫东，白云丽，罗仁福，等．人力资本、政治资本与农村劳动力非农就业［J］．劳动经济研究，2020，8（1）：26－43．

[88] 王晓鸿，鄢帮有，吴国琛．山江湖工程［M］．北京：科学出版社，2006．

[89] 王越，宋戈，吕冰．基于多智能体粒子群算法的松嫩平原土地利用格局优化［J］．资源科学，2019，41（4）：729－739．

[90] 魏欣．中国农业面源污染管控研究［M］．北京：中国农业出版社，2015．

[91] 吴郁玲，冯忠垒，周勇，等．耕地集约利用影响因素的协整分析［J］．中国人口、资源与环境，2011，21（11）：67－72．

[92] 吴郁玲，顾湘，周勇．农户视角下湖北省耕地集约利用影响因素分析［J］．中国土地科学，2012，26（2）：50－55．

[93] 席蕊．河南省农业集约化发展中存在问题及可持续发展战略的构建［J］．金融视线，2015，9（114）：20．

[94] 向云波，谢炳庚，郭湘．近50年湖南省耕地利用绩效时空分异特征［J］．经济地理，2015，35（2）：169－177．

[95] 肖教燎．土地政策传导机制与路径的分析与仿真［D］．南昌：

南昌大学，2010.

[96] 肖兴志，宋晶. 政府监管理论与政策 [M]. 沈阳：东北财经大学出版社，2006.

[97] 谢花林，刘桂英. 1998—2012年中国耕地复种指数时空差异及动因 [J]. 地理学报，2015，70（4）：604—614.

[98] 谢花林，王伟，刘志飞. 中国耕地利用研究 [M]. 北京：中国农业出版社，2016.

[99] 谢花林，张道贝，王伟，等. 鄱阳湖生态经济区耕地利用效率时空差异及其影响因素分析 [J]. 水土保持研究，2016，23(5)：214—221.

[100] 谢花林，邹金浪，彭小琳. 基于能值的鄱阳湖生态经济区耕地利用集约度时空差异分析 [J]. 地理学报，2012，67（7）：889—902.

[101] 辛景树，田有国，任意. 耕地地力调查与质量评价 [M]. 北京：中国农业出版社，2005：4—5.

[102] 辛玥，殷冠羿，娄毅，刘爽，李广昊. 农户视角耕地集约利用及驱动机制的内生差异研究 [J]. 中国农业资源与区划，2021，42（11）：208—219.

[103] 辛宗斐，吕晓，彭文龙，牛善栋. 中国耕地利用集约化研究的热点与趋势——基于CiteSpace的知识图谱分析 [J]. 土壤通报，2020，51（4）：986—995.

[104] 许艳，刘立意，濮励杰，等. 苏北沿海地区农户耕地利用行为意愿及影响因素分析 [J]. 自然资源学报，2022，37（6）：1643—1653.

[105] 阎建忠，卓仁贵，谢德体，等. 不同生计类型农户的土地利用——三峡库区典型村的实证研究 [J]. 地理学报，2010，65（11）：1401—1410.

[106] 颜玄洲，欧一智，姬钰. 江西农机具购置补贴政策实施效果分析 [J]. 中国农机化，2011，5：28—31.

[107] 颜玄洲，孙水鹅，欧一智. 农机购置补贴政策下种稻大户购机决策影响因素分析 [J]. 农林经济管理学报，2015，14（6）：592—599.

[108] 杨谨，陈彬，刘耕源. 基于能值的沼气农业生态系统可持续发展水平综合评价以恭城县为例 [J]. 生态学报，2012，32（13）：4007—4016.

[109] 杨顺顺, 栾胜基. 基于多主体模型的种植业面源污染控制模拟: 化肥税环境服务付费功效比较 [J]. 系统工程理论与实践, 2014, 34 (3): 777-786.

[110] 杨顺顺, 栾胜基. 农村环境多主体仿真系统建构——农户模型在农村环境管理中的应用 [J]. 北京大学学报 (自然科学版), 2010, 46 (1): 129-135.

[111] 杨顺顺, 栾胜基. 农村环境管理模拟——农户行为的仿真分析 [M]. 北京: 科学出版社, 2012.

[112] 姚冠荣, 刘桂英, 谢花林. 中国耕地利用投入要素集约度的时空差异及其影响因素分析 [J]. 自然资源学报, 2014, 29 (11): 1836-1848.

[113] 易军, 梅昀. 基于PSR框架的耕地集约利用及其驱动力研究——以江西省为例 [J]. 长江流域资源与环境, 2010, 19 (8): 895-900.

[114] 袁浩博. 东北粮食主产区耕地质量保护与农业可持续发展研究 [J]. 经济纵横, 2017, 384 (11): 106-111.

[115] 袁久和, 祁春节. 基于熵值法的湖南省农业可持续发展能力动态评价 [J]. 长江流域资源与环境, 2013, 22 (2): 152-157.

[116] 张晶渝, 杨庆媛, 毕国华, 等. 农户生计视角下的休耕补偿模式研究——以河北省平乡县为例 [J]. 干旱区资源与环境, 2019, 33 (5): 25-30.

[117] 张军. 多主体系统——概念、方法与探索 [M]. 北京: 首都经济贸易大学出版社, 2013.

[118] 张丽, 刘越. 基于主成分分析的农业可持续发展实证分析——以河南省为例 [J]. 经济问题探索, 2007, 4: 31-36.

[119] 张丽萍, 张镱锂, 阎建忠, 等. 青藏高原东部山地农牧区生计与耕地利用模式 [J]. 地理学报, 2008, 63 (4): 377-385.

[120] 张琳, 张凤荣, 安萍莉, 等. 不同经济发展水平下的耕地利用集约度及其变化规律比较研究 [J]. 农业工程学报, 2008, 24(1): 108-112.

[121] 张庆霞. 我国农业村居民消费结构计量分析 [J]. 安徽农学通报, 2007, 13 (2): 20-21.

［122］张子龙，鹿晨昱，陈兴鹏，等．陇东黄土高原农业生态效率的时空演变分析——以庆阳市为例［J］．地理科学，2014，34（4）：472－478.

［123］张宗利，徐志刚．中国居民家庭食物浪费的收入弹性、效应解析及模拟分析［J］．农业经济问题，2022，509（5）：110－123.

［124］赵冠伟．土地利用演变元胞自动机仿真系统设计与实现［J］．广州大学学报，2012，11（2）：76－82.

［125］赵桂慎，王一超，唐晓伟，等．基于能值生态足迹法的集约化农田生态系统可持续性评价［J］．农业工程学报，2014，30（18）：159－167.

［126］赵京，杨钢桥．耕地利用集约度变化及其驱动因素分析——以湖北省为例［J］．长江流域资源与环境，2012，21（1）：30－35.

［127］赵娜．基于系统动力学的土地可持续利用研究［D］．南京：南京农业大学，2008.

［128］赵玉萍，赵学勇，左小安，等．基于能值理论的奈曼旗农业生态经济系统可持续性分析［J］．中国沙漠，2007，27（4）：563－571.

［129］中华人民共和国国土资源部．中国国土资源可持续发展研究报告［M］．北京：地质出版社，2005.

［130］重庆市统计局，国家统计局重庆调查总队．重庆市统计年鉴2012［M］．北京：中国统计出版社，2012.

［131］周杨武，柳杰．我国耕地集约利用水平地区差异研究——基于投影寻踪模型的面板数据分析［J］．中国农业资源与区划，2015，36（1）：22－30.

［132］周颖．运用系统动力学对武汉市城市土地集约利用预警研究［D］．杭州：浙江大学，2014.

［133］朱红根，陈昭玖，翁贞林，等．稻作经营大户对专业合作社需求的影响因素分析——基于江西省385个农户调查数据［J］．农业经济问题，2008，12（5）：71－78.

［134］朱会义，李秀彬，辛良杰．现阶段我国耕地利用集约度变化及其政策启示［J］．自然资源学报，2007，22（6）：907－915.

［135］朱会义，孙明慧．土地利用集约化研究的回顾与未来工作重

点 [J]. 地理学报, 2014, 69 (9): 1346 - 1357.

[136] 朱家彪, 杨伟平, 粟卫民. 基于多元逐步回归与通径分析的临澧县建设用地驱动力研究 [J]. 经济地理, 2008, 28 (3): 488 - 507.

[137] 朱玉林. 基于能值的湖南农业生态系统可持续发展研究 [D]. 长沙: 中南林业科技大学, 2010.

[138] 朱兆良. 合理使用化肥充分利用有机肥发展环境友好的施肥体系 [J]. 中国科学院 (院刊), 2003, 2: 89 - 93.

[139] 邹金浪, 杨子生. 中国耕地利用投入的时空差异 [J]. 自然资源学报, 2013, 28 (7): 1083 - 1093.

[140] Albajes R., Cantero-Martı'ez C., Capell T. et al. Building bridges: An integrated strategy for sustainable food production throughout the value chain [J]. Molecular Breeding, 2013 (32): 743 - 770.

[141] Alexandratos N., Bruinsma J. World agriculture towards 2030/2050: The 2012 revision. ESA working paper No. 12 - 03 [M]. Rome: FAO, 2012.

[142] Asmild, Hougaard. Economic versus environmental improvement potentials of Danish pig farms [J]. Agric. Econ., 2006, 35 (2): 171 - 181.

[143] Baessle C., Klotz S. Effects of changes in agricultural land use on landscape structure and arable weed vegetation over the last 50 years [J]. Agreculture, Ecosystems and Environment, 2006 (115): 43 - 50.

[144] Barnes, Moran, Topp. The scope for regulatory incentives to encourage increased efficiency of input use by farmers [J]. J. Environ. Manag., 2009, 90 (2): 808 - 814.

[145] Barnes, Thomson. Measuring progress towards sustainable intensification: How far can secondary data go [J]. Ecol. Indic., 2014, 36: 213 - 220.

[146] Brian Petersena, Sieglinde Snappb. What is sustainable intensification? Views from experts [J]. Land Use Policy, 2015 (46): 1 - 10.

[147] Brookfield H. C. Intensification and disintensification in Pacific agriculture [J]. Pacific Viewpoint, 1972, 1 (1): 30 - 48.

[148] Bruce M Campbell, Philip Thornton, Robert Zougmore. Sustainable intensification: What is its role in climate smart agriculture [J]. Current Opinion in Environmental Sustainability, 2014 (8): 39 – 43.

[149] Buckley, Carney. The potential to reduce the risk of diffuse pollution from agriculture while improving economic performance at farm level [J]. Environ. Sci. Policy, 2013, 25: 118 – 126.

[150] Cecchini L., Venanzi S., Pierri A., Chiorri M. Environmental efficiency analysis and estimation of CO_2 abatement costs in dairy cattle farms in Umbria (Italy): A SBM – DEA model with undesirable output [J]. Journal of Cleaner Production, 2018, 22 (19): 895 – 907.

[151] Chen Yuqi, Li Xiubin, Tian Yujun. Structural change of agricultural land use intensity and its regional disparity in China [J]. Journal of Geographical Sciences, 2009 (19): 545 – 556.

[152] Consultative Group on International Agriculture Research. CRP 1.1, Dryland Systems: Integrated Agricultural Production Systems for Improved Food Security and Livelihoods in Dry Areas [M]. Beirut: Consultative Group on International Agriculture Research/International Center for Agricultural Research in the Dry Areas, 2013.

[153] De Jonge. Eco-efficiency improvement of a crop protection product: the perspective of the crop protection industry [J]. Crop Prot., 2004, 23 (12): 1177 – 1186.

[154] De Koeijer, Wossink, Struik, Renkema. Measuring agricultural sustainability in terms of efficiency: the case of Dutch sugar beet growers [J]. J. Environ. Manag., 2002, 66 (1): 9 – 17.

[155] D'Haese, Speelman, Alary, Tillard, D'Haese. Efficiency in milk production on Reunion Island: Dealing with land scarcity [J]. J. Dairy Sci., 2009, 92 (8): 3676 – 3683.

[156] European Environment Agency (EEA). The European environment state and Outlook 2010: Synthesis [M]. Luxembourg: Publications Office of the European Union, 2010.

[157] FAO. Save and Grow: A policymaker's guide to the sustainable intensification of smallholder crop production [M]. Rome: FAO, 2011.

[158] Foley J. A., Ramankutty N., Brauman K. A., et al. Solutions for a cultivated planet [J]. Nature, 2011 (478): 337 – 342.

[159] Food and Agriculture Organization. Food and agriculture organization medium-term plan, 2010—2013 (C2009/15) [M]. Rome: Food and Agriculture Organization, 2009b.

[160] Food and Agriculture Organization. How to Feed the World in 2050——Paper Prepared for the High Level Expert Forum [M]. Rome: Food and Agriculture Organization, 2009a.

[161] Garnett T., Godfray C. Navigating a course through competing food system priorities [J]. Sustainable intensification in agriculture. Food Clim. Res. Netw. Oxf. Martin Programme Future Food Univ. Oxf. UK., 2012.

[162] Gellrich M., Zimmermann N. E. Investigating the regional scale pattern of agricultural land abandonment in the Swiss mountains: A spatial statistical modeling approach [J]. Landscape and Urban Planning, 2007, 79 (1): 65 – 76.

[163] Gibon A. Agricultural abandonment in mountain areas of Europe: Environmental consequences and policy response [J]. Journal of Environmental Management, 2000, 59 (1): 47 – 69.

[164] Godfray H. C. J., Beddington J. R., Crute et al. Food security: The challenge of feeding 9 billion people [J]. Science, 2010 (327): 812 – 818.

[165] Gomez Limon, Picazo Tadeo, Reig Martínez. Eco-efficiency assessment of olive farms in Andalusia [J]. Land Use Policy, 2012, 29 (2): 395 – 406.

[166] Gomez-Limon, Riesgo. Alternative approaches to the construction of a composite indicator of agricultural sustainability: An application to irrigated agriculture in the Duero basin in Spain Research Support [J]. Non-U. S. Gov't J. Environ. Manag., 2009, 90 (11): 3345 – 3362.

[167] H. Xie, Y. Huang, Y. Choi. Evaluating the sustainable intensification of cultivated land use based on emergy analysis [J]. Technological Forecasting and Social Change, 2021, 165: 120 – 449.

[168] Hao H. G., Li X. B., Zhang J. P. Impacts of part-time farming on agricultural land use in ecologically-vulnerable areas in Northern China [J]. Journal of Resources and Ecology, 2013, 4 (1): 70 – 79.

[169] He Y., Xie H., Peng C. Analyzing the behavioural mechanism of farmland abandonment in the hilly mountainous areas in China from the perspective of farming household diversity [J]. Land Use Policy, 2020.

[170] Hu L. X., Zhang X. H., Zhou Y. H. Farm size and fertilizer sustainable use: An empirical study in Jiangsu, China [J]. Journal of Integrative Agriculture, 2019, 18 (12): 2898 – 2909.

[171] Hua, Bian, Liang. Eco-efficiency analysis of paper mills along the Huai River: An extended DEA approach [J]. Omega-Int. J. Manag. Sci., 2007, 35 (5): 578 – 587.

[172] Hualin Xie, Jinlang Zou, Hailing Jiang, Ning Zhang and Yongrok Choi. Spatiotemporal Pattern and Driving Forces of Arable Land-Use Intensity in China: Toward Sustainable Land Management Using Energy Analysis [J]. Sustainability, 2014 (6): 3504 – 3520.

[173] Iaastd. Science and Technology for Development: Summary for Decision Makers of the Sub-Saharan Africa Report Assessment. International Assessment of Agricultural Knowledge, Science and Technology for Development, Johannesburg [J]. International Assessment of Agricultural Knowledge, 2009a: 24.

[174] Independent Science and Partnership Council. CGIAR System-Level Outcomes (SLOs), their impact pathways and inter-linkages [J]. ISPC White Paper, 2013.

[175] J. G. D. Silveira, S. N. D. Oliveira Neto, A. C. B. D. Canto. Land Use, Land Cover Change and Sustainable Intensification of Agriculture and Livestock in the Amazon and the Atlantic Forest in Brazil [J]. Sustain-

ability, 2022, 14 (5): 25 – 63.

[176] Jasmin Schiefer, Georg J. Lair, Winfried E. H. Blum. Indicators for the definition of land quality as a basis for the sustainable intensification of agricultural production [J]. International Soil and Water Conservation Research, 2015 (3): 42 – 49.

[177] Jourdain D., Lairez J., Striffler B., Affholder F. Farmers' preference for cropping systems and the development of sustainable intensification: A choice experiment approach, Review of Agricultural [J]. Food and Environmental Studies, 2020, 4 (101): 417 – 437.

[178] Korhonen, Luptacik. Eco-efficiency analysis of power plants: an extension of data envelopment analysis [J]. Eur. J. Operat. Res. , 2004, 154 (2): 437 – 446.

[179] Kuosmanen. How not to measure sustainable value (and how one might) [J]. Ecol. Econ. , 2009, 69 (2): 235 – 243.

[180] Lambin E. F. , Meyfroidt P. Global land use change, economic globalization, and the looming land scarcity [J]. Proceedings of the National Academy of sciences of the United States of America, 2011 (108): 3465 – 3472.

[181] Lauwers. Justifying the incorporation of the materials balance principle into frontier based eco-efficiency models [J]. Ecol. Econ. , 2009, 68 (6): 1605 – 1614.

[182] Li Xiaojian, Zhou Xiongfei, Zheng Chunhui et al. Development of specialized villages in various environments of less developed China [J]. Acta Geographica Sinica, 2012, 67 (6): 783 – 792.

[183] Lin H. C. , Hülsbergen, Kurt – Jürgen. A new method for analyzing agricultural land – use efficiency, and its application in organic and conventional farming systems in southern Germany [J]. European Journal of Agronomy, 2017, 83 (2): 15 – 27.

[184] Lovett G. M. , Burns D. A. , Driscoll C. T. et al. Who needs environmental monitoring?[J]. Frontiers in Ecology and Environment, 2007

(5): 253 – 260.

[185] L. G. Firbanka, J. Elliottb, B. Drakeb, et al. Evidence of sustainable intensification among British farms [J]. Agriculture, Ecosystems and Environment, 2013 (173): 58 – 65.

[186] MacDonald D, Crabtree J R, Wiesinger G. Agricultural abandonment in mountain areas of Europe: Environmental consequences and policy response [J]. Journal of Environ mental Management, 2000, 59 (1): 47 – 69.

[187] Matson P. A., Parton W. J., Power A. G., Swift, M. J. Agricultural intensification and ecosystem properties [J]. Science, 1997 (277): 504 – 509.

[188] Millennium Ecosystem Assessment, 2005 Ecosystems and Human Well-being: Biodiversity Synthesis [M]. Washington DC: Island press, 2005.

[189] Montanarella L., Vargas R. Global governance of soil resources as a necessary condition for sustainable development [J]. Current Opinion in Environmental Sustainability, Terrestrial systems, 2012 (4): 559 – 564.

[190] M. D'Haese, Speelman, Alary, Tillard, L. D'Haese. Efficiency in milk production on Reunion Island: dealing with land scarcity [J]. J. Dairy Sci., 2009, 92 (8): 3676 – 3683.

[191] Odum E. P. Fundamentals of Ecology [M]. Beijing: People's Education Press, 1981.

[192] Picazo Tadeo, Beltran Esteve, Gomez-Limon. Assessing eco-efficiency with directional distance functions [J]. Eur. J. Operat. Res., 2012, 220 (3): 798 – 809.

[193] Picazo Tadeo, Gomez Limon, Reig Martínez. Assessing farming eco-efficiency: A data envelopment analysis approach [J]. J. Environ. Manag., 2011, 92 (4): 1154 – 1164.

[194] Pretty J. Can sustainable agriculture feed Africa? New evidence on progress, processes and impacts [J]. Environ. Dev. Sustain, 1999, 1: 253 – 274.

[195] Pretty J. , Toulmin C. , Williams S. Sustainable intensification in African agriculture [J]. Int. J. Agric. Sustain, 2011 (9): 5 – 24.

[196] Pretty. The sustainable intensification of agriculture [J]. Nat. Resour. , 1997, 21 (4): 247 – 256.

[197] Ray D. K. , Mueller N. D. , West P. C. , Foley J. A. Yield trends are insufficient to double global crop production by 2050 [J]. PLoS ONE, 2013 (8): e66428.

[198] Rigby, Caceres. The Sustainability of Agricultural Systems [M]. Manchester: University of Manchester Working Paper Series, 1997.

[199] Robinson L. W. , Ericksen P. J. , Chesterman S. , et al. Sustainable intensification in drylands: What resilience and vulnerability can tell us [J]. Agricultural Systems, 2015 (135): 133 – 140.

[200] Rosegrant M. , Cai X. , Cline S. , Nakagawa N. The Role of Rainfed Agriculture in the Future of Global Food Production. Food Policy [M]. Washington: International Food Policy Research Institute, 2002a.

[201] Rosegrant M. W. , Cai X. , Cline S. A. World Water and Food to 2025 [M]. Food Policy Washington, DC, USA: International Food Policy Research Institute, 2002b.

[202] Schaltegger, Müller, Hindrichsen. Corporate Environmental Accounting [M]. Chichester New York: John Wiley & Sons, Ltd. , 1996.

[203] Schultz T. W. Transforming Traditional Agriculture. Liang Xiaoming trans [M]. Beijing: The Commercial Press, 2010.

[204] Schönhart M. , Schauppenlehner T. , Schmid E. , et al. Integration of bio-physical and economic models to analyze management intensity and landscape structure effects at farm and landscape level [J]. Agricultural Systems, 2011 (104): 122 – 134.

[205] Stampini M. , Davis B. Does nonagricultural labor relax farmers' credit constraints? Evidence from longitudinal data for Vietnam [J]. Agricultural Economics, 2009, 40 (2): 177 – 188.

[206] Strijker D. Marginal lands in Europe-causes of decline [J]. Basic

and Applied Ecology, 2005, 6 (2): 99 – 106.

[207] The Royal Society. Reaping the benefits science and the sustainable intensification of global agriculture [M]. London: The Royal Society, 2009.

[208] Thomas Reardon, Valerie Kelly, Eric Crawford . Promoting sustainable intensification and productivity growth in Sahel agriculture after macroeconomic policy reform [J]. Food Policy, 1997, 4 (22): 317 – 327.

[209] Thomas W. Kuyper, Paul C Struik. Epilogue: global food security, rhetoric, and the sustainable intensification debate [J]. Current Opinion in Environmental Sustainability, 2014 (8): 71 – 79.

[210] Tilman D., Cassman K. G., Matson P. A., Naylor R., Polasky S. Agricultural sustainability and intensive production practices [J]. Nature, 2002 (418): 671 – 677.

[211] Tilman D., Balzer C., Hill J., Befort B. L. Global food demand and the sustainable intensification of agriculture [J]. Proc. Natl. Acad. Sci. U. S. A., 2011 (108): 20260 – 20264.

[212] Trewavas A. Malthus foiled again and again [J]. Nature, 2002, 418 (8): 668 – 670.

[213] Turner B. L., Lambin E. F., Reenberg A. The emergence of land change science for global environmental change and sustainability [J]. Proceedings of the national academy of sciences of the United States of America, 2007 (104): 20666 – 20671.

[214] T. Garnett M. C. Appleby, A. Balmford et al. Sustainable Intensification in Agriculture Premises and Policies [J]. Science, 2013, 5 (341): 33 – 34.

[215] Uknea. United Kingdom National Ecosystem Assessment: Synthesis of the Key Findings [M]. Cambridge: UNEP-WCMC. 2011.

[216] Wang C. C., Yang Y. S., Zhang Y. Q. Economic development, rural livelihoods and ecological restoration: Evidence from China [J]. Ambio, 2011, 40 (1): 78 – 87.

[217] Westbury, Park, Mauchline, Crane, Mortimer. Assessing the

environmental performance of English arable and livestock holdings using data from the Farm Accountancy Data Network (FADN) [J]. J. Environ. Manag. , 2011, 92 (3): 902 - 909.

[218] Whipple W. , Hunter J. Non point sources and planning for water pollution control [J]. Water Pollut. Control Fed. , 1977, 49 (1): 15 - 23.

[219] Xie Hualin, Liu Guiying. Spatiotemporal difference and determinants of multiple cropping index in China during 1998 - 2012 [J]. Acta Geographica Sinica, 2015, 25 (11): 1283 - 1297.

[220] Xie Huang, Chen Zhang, Wu. Prospects for Agricultural Sustainable Intensification: A Review of Research [J]. Land (Basel), 2019, 11 (8): 157.

[221] Yamada S. , Okubo S. , Kitagawa Y. , et al. Restoration of weed communities in abandoned rice paddy fields in the Tama Hills, central Japan [J]. Agriculture, Ecosystems & Environment, 2007, 119 (1 - 2): 88 - 102.

[222] Yansui L. , Lilin Z. , Yongsheng W. Spatial - temporal characteristics and influencing factors of agricultural eco - efficiency in china in recent 40 years [J]. Land Use Policy, 2020, 97.

[223] Yiorgos Gadanakis, Richard Bennett et al. Francisco Jose Areal. Evaluating the Sustainable Intensification of arable farms [J]. Journal of Environmental Management, 2015 (150): 288 - 298.

[224] Zhang B. , Bi J. , Fan Z. , Yuan Z. , Ge J. Eco-efficiency analysis of industrial system in China: A data envelopment analysis approach [J]. Ecological Economics, 2008, 68 (1 - 2): 306 - 316.

[225] Zhu Z. L. , Chen D. L. Nitrogen fertilizer use in China Contributions to food production, impacts on the environment and best management strategies [J]. Nutrient Cycling in Agroeco systems, 2002, 63 (2 - 3): 117 - 127.

附　录

问卷设计

一、近三年来耕地利用调整调查

1. 近三年耕地利用中，有什么明显的变化？ A. 有　 B. 没有　 什么变化_____有的话，是：A. 租入　 B. 租出　 C. 撂荒_____

2. 种植结构发生了哪些变化？（粮食作物、畜牧、林果之间有相互转变的情况吗？）_____

原因：A. 人手变化　　 B. 利润变化　　 C. 市场变化　　 D. 其他原因_____

3. 耕地产量有变化吗？ A. 增加　　 B. 减少　　 C. 不变_____

原因：A. 人手投入变化　 B. 化肥、农药投入变化　 C. 天气因素 D. 其他原因

4. 有撂荒地吗？ A. 有　　 B. 没有　 哪一年撂荒？_____撂荒原因_____

5. 近几年发展农业的打算？（比如购买机械、租地、改种/养其他东西、其他等）_____原因_____

_____

二、化肥使用情况

地编号	从家步行时间	面积（亩）	作物种类	化肥种类（千克）					单价	农家肥使用量（千克）	等级	灌溉	是否租用
				碳氨	尿素	磷肥	钾肥	复合肥					
1													
2													
3													

续表

地编号	从家步行时间	面积（亩）	作物种类	化肥种类（千克）					单价	农家肥使用量（千克）	等级	灌溉	是否租用
				碳氨	尿素	磷肥	钾肥	复合肥					
4													
5													
6													

注：等级分为：1 优等；2 中等；3 低等；4 等外。灌溉分为：1 能保证灌溉；2 不能保证灌溉

1. 您认为自己现在化肥的使用量是（　　）。

A. 多　　　　　　　B. 适中　　　　　　　C. 少

2. 您家近五年的化肥施用量有变化吗？（　　）

A. 大量增加　　　B. 微增　　　　C. 没变　　　　D. 微减

E. 大量减少

3. 过量施肥对土壤及环境的影响（　　）。

A. 无影响　　　B. 影响很小　　　C. 影响一般　　　D. 影响较大

E. 影响很大

4. 农户对测土配方施肥项目推荐施肥量的接受程度（　　）。

A. 不接受　　　B. 接受但会私自增加施肥量

C. 完全接受

5. 您认为化肥施用量变化的主要原因是？（　　）

A. 参加科学培训　　　　　　B. 环保意识增强

C. 化肥价格变化　　　　　　D. 农产品价格变化

E. 环境法规的了解

6. 在决定化肥使用量时，您考虑的因素有（　　）。

A. 家庭收入　　　B. 往年施肥量　　　C. 化肥价格　　　D. 农产品价格

E. 环境污染

7. 您认为农业增产的主要因素是，按顺序排列（　　）。

A. 化肥、农药的使用　　　　　　B. 劳动力投入

C. 科学技术　　　　　　　　　　D. 科学管理

E. 优良品种

8. 您是否参加过科学施肥的培训？（　　）

A. 没参加过　　　　　　　　B. 参加过

9. 科学施肥的培训效果？（　　）

A. 没效果　　　　B. 效果一般　　　　C. 效果显著

10. 您是否参加了农民专业合作社？（　　）

A. 没参加　　　　B. 参加了

11. 参加合作社对化肥用量的作用？（　　）

A. 没影响　　　　B. 影响一般　　　　C. 影响显著

12. 是否参加"订单"农业生产？（　　）

A. 参加了　　　　B. 没参加

13. 参加"订单"农业生产对施肥量的影响？（　　）

A. 没有影响　　　　B. 影响一般　　　　C. 影响严重

14. 化肥价格上涨对施肥量的影响？（　　）

A. 无影响　　　　B. 影响很小　　　　C. 影响显著

15. 农产品价格上涨对施肥量的影响？（　　）

A. 无影响　　　　B. 影响很小　　　　C. 影响严重

16. 如果市场上的有机食品价格高，而且供不应求，您会考虑减少化肥施用，种植有机农作物吗？如果不种，原因是什么？

A. 非常愿意　B. 无所谓　C. 不愿意　原因是＿＿＿＿＿＿＿＿＿

17. 您是否知道《环境保护法》的内容（　　　）。

A. 不了解　　　　B. 部分了解　　　　C. 完全了解

18. 如果产权有保障，您愿意减少化肥的施用，意识性地休耕，保护土壤肥力吗？（　　）

A. 非常愿意　　　B. 无所谓　　　　C. 不愿意

19. 对于不同地块，如土地质量、离家远近、离道路距离、离河流距离等，施肥的多少也不一样？＿＿＿＿＿＿＿＿＿＿＿＿＿＿＿＿＿＿

20. 谈谈现在化肥使用量逐年增加的原因：＿＿＿＿＿＿＿＿＿＿

如何才能减少化肥量？＿＿＿＿＿＿＿＿＿＿＿＿＿＿＿＿＿＿

三、农药使用情况

1. 您家里现在农业生产中是否使用农药？

A. 不用　　　　B. 用量很少　　　C. 用量一般

D. 用量较大　　E. 用量很大

都使用哪些农药，能写出来吗？

名称	作物类型	用途	使用量（斤）	使用次数/季	使用频率

2. 您认为使用农药对土壤或农作物是否会产生不良影响？（　　　）

A. 无影响　　　　B. 影响很小　　　C. 影响一般

D. 影响较大　　　E. 影响严重

3. 您愿意为保护环境减少农药使用量吗？（　　　）

A. 愿意　　　　　B. 不愿意

4. 您购买农药时如何选择农药品种？（　　　）

A. 凭往年经验　　　　　　　B. 邻舍使用的品种

C. 从电视、报纸学习　　　　D. 向专家咨询

E. 其他

5. 您选择农药的依据是？（　　　）

A. 价格　　　　　B. 环保　　　　　C. 治疗病虫害的效果

6. 您在购买农药时是否根据作物病情向专家或销售者咨询？（　　　）

A. 是　　　　　　B. 不是

7. 您在使用农药前是否仔细阅读说明书并严格按照规程操作？（　　　）

A. 是　　　　　　B. 不是

8. 您家里接受过科学施用农药的技术培训吗？（　　　）

A. 接受过　　　　B. 没接受过

9. 您参加农药使用技术培训的效果？（　　　）

A. 没效果　　　　B. 效果一般　　　　C. 很有效果

10. 参加合作社对农药使用的影响？（　　　）

A. 无益处　　　　B. 益处一般　　　　C. 很有益

11. 是否参加"订单"农业生产？（　　　）

A. 参加了　　　　B. 没参加

12. "订单"农业生产对农药使用量的影响？（　　　）

A. 没有影响　　　B. 影响一般　　　　C. 影响显著

13. 您喷洒农药时是否进行必要的自我防护？（　　　）

A. 没有任何保护措施　　　　　　B. 戴口罩、手套

C. 穿防护雨披　　　　　　　　　D. 穿长衣、长裤、胶鞋等

E. 其他

14. 您认为农药对人体健康的影响？（　　　）

A. 无影响　　　　B. 影响很小　　　　C. 影响一般

D. 影响较大　　　E. 影响严重

15. 您认为农药价格上涨对农药用量的影响？（　　　）

A. 没影响　　　　B. 影响一般　　　　C. 影响显著

16. 您认为蔬菜价格上涨对农药用量的影响？（　　　）

A. 没影响　　　　B. 影响一般　　　　C. 影响显著

17. 您对《农药安全使用规程》的了解程度？（　　　）

A. 完全不了解　　B. 部分了解　　　　C. 完全了解

18. 您对禁用农药的了解程度？（　　　）

A. 不了解　　　　B. 部分了解　　　　C. 完全了解

19. 您种植的水果蔬菜施用农药后，在禁药期内，您是否上市出售？
（　　　）

A. 是　　　　　　B. 不是

20. 您对使用完毕的废旧药瓶如何处理？（　　　）

A. 扔在田间地头　　　　　　　　B. 收集起来扔到垃圾箱

C. 卖给垃圾回收站

21. 谈谈现在农药使用量逐年增加的原因：_____

如何才能减少农药用量？_____

四、污染管控

1. 您对农业面源有了解吗？您知道化肥的施用，会造成土壤污染、板结、盐碱化，耕地质量下降吗？（　　　）

A. 非常清楚，会造成严重影响

B. 有些了解　　　　　　　　　　　　C. 不太了解

2. 你家施用化肥和农药的行为有没有组织或机构来管？（　　　）

A. 有　　　　　　B. 没有

3. 您认为施用化肥和农药的行为应不应该有人管？（　　　）

A. 应该　　　　　　B. 不应该

4. 您认为应该由谁来管？（　　　）

A. 国家　　　　　B. 地方政府　　　　　C. 县土肥站

D. 乡镇政府　　　E. 村委会

5. 您认为谁应对农业环境保护承担责任？其顺序为（　　　）。

A. 国家　　　　　B. 地方政府　　　　　C. 个人

D. 生产企业　　　E. 其他

6. 您认为有必要制定一部法律规范农民施用化肥、农药的行为吗？（　　　）

A. 有　　　　　　B. 没有

7. 您认为政府对农业环境管理的职责应该有哪些？（　　　）

A. 制定法律　　　B. 制定管理标准　　　C. 经费投入

8. 如果国家对过量施肥征税，你是否接受（　　　）。

A. 接受　　　　　B. 不接受

9. 如果国家通过补贴的方式鼓励农民少用化肥，多用有机肥，您能接受吗？（　　　）

A. 能　　　　　　B. 不能

10. 如果能，您能接受的补贴额度为＿＿＿＿＿＿元/亩。

11. 如果村里举行科学施用化肥、农药的技术培训？（　　　）

A. 一定会去　　　B. 如果有时间会去

C. 不会去，不感兴趣

12. 您愿意采纳亲环境的农业技术吗?( )

A. 采纳 B. 不采纳

13. 您认为如何才能提高群众参与环境管理的意识和水平?( )

A. 提高文化知识水平 B. 加强教育宣传

C. 加强宣传

后　记

　　本书是在笔者博士论文的基础上进一步修改、完善和扩展而形成的，出版的主要目的是为响应和推广国家连续多年的"中央一号文件"对农业生态的转型，以及发展绿色农业，最终实现美丽乡村的政策。

　　本书的出版得益于国家自然科学基金等的支持及在江西财经大学博士阶段的学习。我的博士论文是在导师谢花林教授的悉心指导下完成的，论文从选题到研究内容的确定，以及整体写作思路都凝聚着导师的智慧和辛勤的指导。当然，论文的具体写作都是本人独立完成的，文中所有的不足之处都由本人负责。

　　谢老师学术渊博、平易近人、治学严谨。在求学的三年中，谢老师的科研态度和为人处世的方式都极大地影响了我。作为学校最年轻的教授、博导，谢老师每日投入大量的时间和精力从事科研工作，战斗在科研第一线，这让我肃然起敬，我不再徘徊、漫无目的，不再无所事事，继而对我的博士生涯进行了合理和科学的规划，我的顺利毕业与此密不可分；谢老师为人谦逊、平易近人、不骄不躁，没有高高在上的精英距离感，与谢老师的每一次接触和交流，如沐春风，倍受鼓舞，让我在以后工作、生活的接人待物中，亦变得平和、谦逊，让我在日后的工作、生活中不畏艰难险阻。谢老师的言传身教对我的人生影响重大，一生受用！再次感谢谢老师的谆谆教诲！

　　感谢江西财经大学的孔凡斌博导、张利国博导、肖文海博导、黄和平博导、但承龙博导、胡绵好教授和罗珏等老师。

　　特别感谢在调研过程中给予过帮助和指引的肖柯老师，以及东华理工大学的14位本科生。还有万年县珠田镇、珠湾镇、南昌县向塘镇、星子县缪花镇、湖口县均桥镇农技站、萍乡市麻山镇、莲花县高洲乡、兴国县等各相关政府、村工作人员，以及所有的调研农户，谢谢你们在炎炎烈日下给予我入户调研的无私帮助，正是你们的支持，我的调研工作才能圆满完成。

感谢江西财经大学 2013 级博士班，这个充满正能量、团结、友好、互帮互助、积极向上、热情、真诚的大班级，让我倍感温暖和鼓舞，让我在艰难的求学道路上不再孤独、不再害怕、不再动摇、不再否定自己，认清自己、勇敢坚强地前行。特别感谢王少群、李立娥、占佳、邓明、黄思明、夏珺、何瑞铧、叶含堃、许正松和刘杨晖，回想和你们在一起的点点滴滴，无论是在学习上、工作上、生活上，抑或是精神世界上，让我对我的人生有了太多的沉淀和重新思考，受益一生。再次感谢你们，正是因为你们，我的人生变得丰富多彩。

感谢在本书撰写中给予帮助的湖南省社会科学院杨顺顺研究员，您严谨的治学态度和乐于助人的学术精神给予我莫大的支持与帮助。

感谢王伟、吴箐、何亚芬、张道贝、程玲娟、邱仁建、刘志飞、蒋海舲、谢雪等师兄师弟师妹在本书撰写中给予的帮助。

感谢我工作的江西农业大学经管学院：翁贞林院长、郭军海书记、赵刚副书记、廖文梅副院长、张征华副院长、周波副院长、陈昭玖院长、郭如良书记、谢元态院长、刘庆言书记、朱红根教授、胡凯教授、张春美教授；以及金融教研室刘小春主任、王火根副主任、赖娟、包屹红、樊丰等全体老师，在我求学期间对课程任务的分担，感谢周亮梅、易步贵、卢志群、梁志民等老师，在课程安排上给予的理解和支持。

感谢所有参考文献的学者们，正是你们辛勤劳动的成果，才得以引导我开展研究！

受限于作者学术水平和知识结构，本书难免存在一些疏漏与不足之处，敬请广大读者批评指正。